INDONESIA
SPECIAL CAPITAL REGION OF JAKARTA
DEPARTURE
15 JUNE
MILAN
AIRPORT CONTROL
MXP
ITALY
MLN
17 AUG 2019
IN
OUT
25/04/2019
BER
CALLAO AIRPORT
PERU
IMMIGRATION OFFICER
28-MAY-2019
THE REPUBLIC OF
AUSTRIA
03.03.2019 ARRIVED
VENEZUELA
PORT OF LA GUAIRA
DATE: 14 FEBRUARY 2019
TIME: 09:30 AM
TRANSIT: NO
CARGO: YES
VARGAS STATE
WELCOME TO
CANADA
TORONTO AIRPORT
08 APR 2019
UNITED STATES OF AMERICA
USA
05 MAY 2019
ARRIVAL
WASHINGTON D.C.
CONTROL
MANILA
PHILIPPINES
TOURIST VISA
ARR. 06-08-2019
10:45PM
MANILA AIRPORT
WELCOME TO
FRANCE
PARIS AIRPORT
ARRIVED
02/08/2019
IN/OUT
THE KINGDOM OF BELGIUM
20 APR 2019
BELGIUM
Signature
WELCOME TO
UNITED ARAB EMIRATES
DUBAI
EXP DATE: 07 APRIL 2020
SECURITY OFFICER
Signature
IMMIGRATION & CUSTOMS
UNITED KINGDOM
IMMIGRATION OFFICER
(5028)
TÜRKIYE CUMHURIYETI
ARRIVAL CONTROL
07 MAY 2019
08:02 AM
R280
BOGOTA AIRPORT
ARRIVAL
REPUBLIC OF
COLOMBIA
BOGOTA AAA: 000 BBR: 111
DATE:
TIME:
CONTROL:
OFFICER:
SAO PAULO AIRPORT
BRAZIL
AIRPORT SECURITY CONTROL
22 NOV 2019

I0813105

ARGENTINA
25 JULY 2019
approved
THE KINGDOM OF SPAIN
TOURIST CONTROL
EU
EC
15 MAY 2019
R. Officer
ROMANIA
BUCHAREST
18 OCT 2019
ARRIVAL
TÜRKIYE CUMHURIYETI
ARRIVAL CONTROL
07 MAY 2019
08:02 AM
R280
WELCOME TO MUMBAI
ARRIVAL
INDIA
MUMBAI AIRPORT
IMMIGRATION OFFICER
CONTROL
20 JULY 2019
THE REPUBLIC OF
AUSTRIA
03.03.2019 ARRIVED
KYIV
IMMIGRATION OFFICER
UKRAINE
ISLAMIC REPUBLIC OF PAKISTAN
03 DECEMBER
WELCOME TO
FRANCE
PARIS AIRPORT
ARRIVED
02/08/2019
IN/OUT
ARR.
MEXICO
IMMIGRATION CONTROL
02 SEP 2019
ESTADOS UNIDOS MEXICANOS
REPUBLIC OF PERU
PERU
CALLAO AIRPORT
IMMIGRATION OFFICER
UNITED KINGDOM
IMMIGRATION OFFICER
(5028)
LONDON
MAY 2019
approved
AMSTERDAM AIRPORT
26 APR 2019
NETHERLANDS
ARRIVAL
DEPARTURE
WELCOME TO
SWISS CONFEDERATION
SWITZERLAND
REGISTRATION TIME:
08:30:25
REGISTRATION DATE:
10/09/2019
ARRIVAL
REPUBLIC OF CHILE
SANTIAGO
SANTIAGO AIRPORT CONTROL
16/OCT 2019
THE KINGDOM OF BELGIUM
20 APR 2019
BELGIUM
Signature
DEPART
KINGDOM OF SWEDEN
SWEDEN
STOCKHOLM
16/11/2019
WELCOME TO
UNITED ARAB EMIRATES
DUBAI
EXP. DATE: 07 APRIL 2020
SECURITY OFFICER
Signature
IMMIGRATION & CUSTOMS
CONTROL
DEPARTURE
ARGENTINA
25 JULY 2019
approved
INDONESIA
SPECIAL CAPITAL REGION OF JAKARTA
DEPARTURE
15 JUNE 2019
TÜRKIYE CUMHURIYETI
ARRIVAL CONTROL
< 07 MAY 2019 >
08:02 AM
0256
R280
PHILIPPINES TOURIST VISA
IMMIG
05 NOV
MOSCOW

VIAJAR CAMBIARÁ TU VIDA

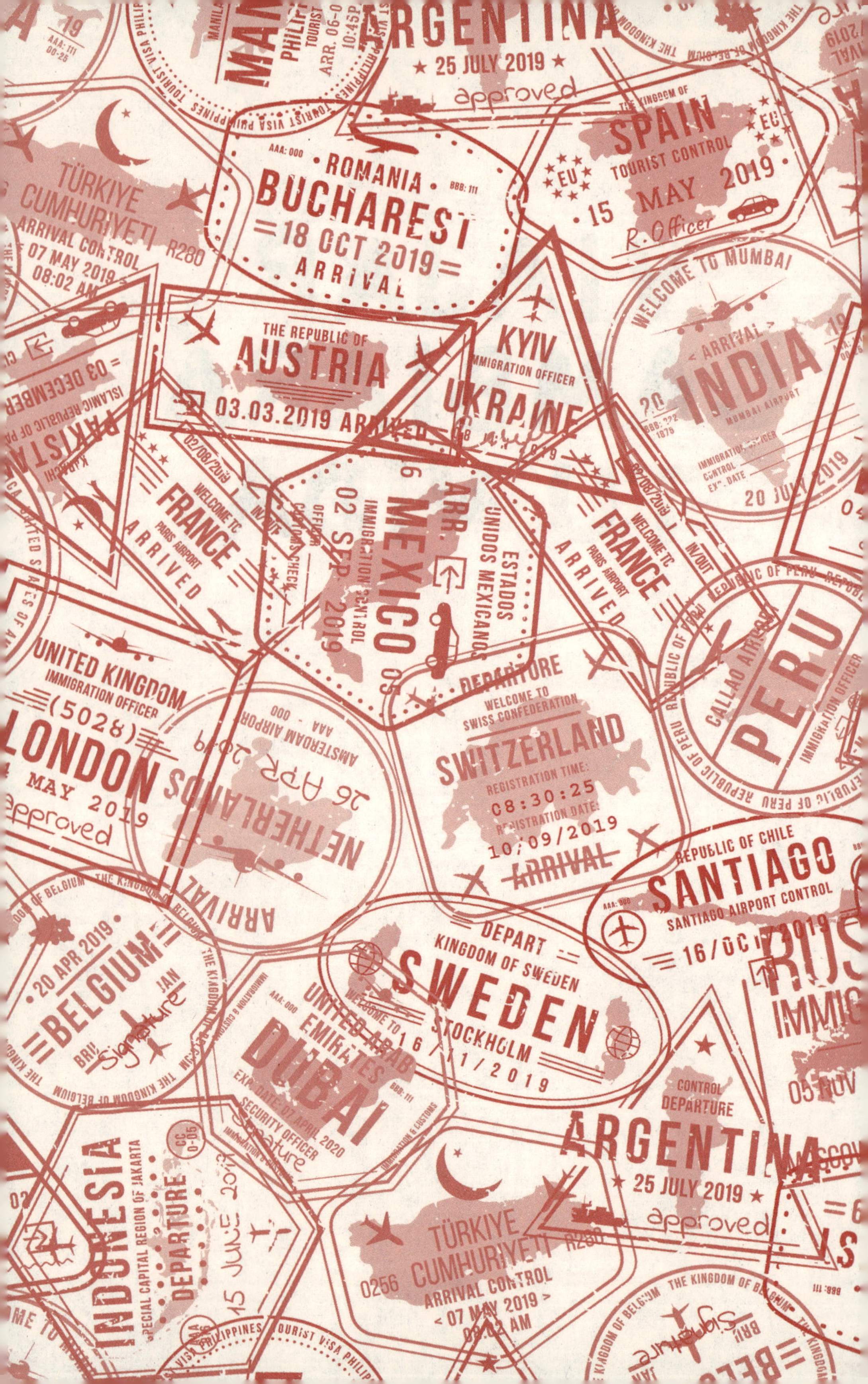
ARGENTINA
25 JULY 2019
approved
ROMANIA
BUCHAREST
18 OCT 2019
ARRIVAL
THE KINGDOM OF
SPAIN
TOURIST CONTROL
15 MAY 2019
R.Officer
TÜRKIYE
CUMHURIYETI
ARRIVAL CONTROL
07 MAY 2019
08:02 AM
R280
THE REPUBLIC OF
AUSTRIA
03.03.2019 ARRIVED
KYIV
IMMIGRATION OFFICER
UKRAINE
WELCOME TO MUMBAI
< ARRIVAL >
INDIA
MUMBAI AIRPORT
20 JULY 2019
WELCOME TO
FRANCE
PARIS AIRPORT
ARRIVED
ESTADOS
UNIDOS MEXICANOS
MEXICO
IMMIGRATION CONTROL
02 SEP 2019
ARR.
REPUBLIC OF PERU
PERU
CALLAO AIRPORT
IMMIGRATION OFFICER
UNITED KINGDOM
IMMIGRATION OFFICER
(5028)
LONDON
MAY 2019
approved
AMSTERDAM AIRPORT
NETHERLANDS
26 APR 2019
ARRIVAL
DEPARTURE
WELCOME TO
SWISS CONFEDERATION
SWITZERLAND
REGISTRATION TIME:
08:30:25
REGISTRATION DATE:
10/09/2019
ARRIVAL
REPUBLIC OF CHILE
SANTIAGO
SANTIAGO AIRPORT CONTROL
THE KINGDOM OF BELGIUM
20 APR 2019
BELGIUM
DEPART
KINGDOM OF SWEDEN
SWEDEN
STOCKHOLM
16/11/2019
UNITED ARAB
EMIRATES
DUBAI
SECURITY OFFICER
CONTROL
DEPARTURE
ARGENTINA
25 JULY 2019
approved
INDONESIA
SPECIAL CAPITAL REGION OF JAKARTA
DEPARTURE
15 JUNE 2017
TÜRKIYE
CUMHURIYETI
ARRIVAL CONTROL
< 07 MAY 2019 >
08:02 AM

VIAJAR CAMBIARÁ TU VIDA

10 LECCIONES QUE APRENDÍ AL RECORRER EL MUNDO

ALAN X EL MUNDO

A X M
ALAN POR EL MUNDO

Planeta

© 2023, Alan Estrada

Diseño de Portada: Planeta Arte & Diseño / Daniel Bolívar y David López
Fotografías de portada: Manu Manuti / iStock
Formación: Mariana Castro/ Contramarea
Imágenes: Archivo personal del autor

Derechos reservados

© 2023, Editorial Planeta Mexicana, S.A. de C.V.
Bajo el sello editorial PLANETA M.R.
Avenida Presidente Masarik núm. 111,
Piso 2, Polanco V Sección, Miguel Hidalgo
C.P. 11560, Ciudad de México
www.planetadelibros.com.mx

Primera edición en formato epub: julio de 2023
ISBN: 978-607-07-4853-0

Primera edición impresa en México: julio de 2023
Quinta reimpresión en México: abril de 2024
ISBN: 978-607-07-4851-6

No se permite la reproducción total o parcial de este libro ni su incorporación a un sistema informático, ni su transmisión en cualquier forma o por cualquier medio, sea este electrónico, mecánico, por fotocopia, por grabación u otros métodos, sin el permiso previo y por escrito de los titulares del *copyright*.

La infracción de los derechos mencionados puede ser constitutiva de delito contra la propiedad intelectual (Arts. 229 y siguientes de la Ley Federal de Derechos de Autor y Arts. 424 y siguientes del Código Penal).

Si necesita fotocopiar o escanear algún fragmento de esta obra diríjase al CeMPro (Centro Mexicano de Protección y Fomento de los Derechos de Autor, http://www.cempro.org.mx).

Impreso en los talleres de Litográfica Ingramex, S.A. de C.V.
Centeno núm. 162-1, colonia Granjas Esmeralda, Ciudad de México
Impreso y hecho en México – *Printed and made in Mexico*

A la memoria de mi madre

PRÓLOGO
Yo sueño

Sueño mucho, sueño y sueño. Sueño de día, sueño de noche. Sueño dormido y sueño despierto. Me gusta más soñar despierto. Sueño que sueño y sueño de nuevo. Sueño placer y sueño llanto. Sueño colores y olores. Sueño de forma tan real que a veces dudo que sea un sueño.

Sueño un mundo. Un mundo de sueño. Un mundo donde no importa quién eres porque todos somos lo mismo. Un mundo donde da igual el lugar donde naciste porque todos venimos del mismo sitio. Un mundo donde todos nos entendemos. Un mundo donde lo diferente nos hace iguales. Sueño muchos sueños, pero todos son el mismo. Sueño contigo y sueño conmigo. Sueño con el mundo, con los mundos.

Sueño que no hay distancias largas ni fronteras. Sueño que lo que creo no es superior a lo que no creo. Sueño que todos sonríen, sueño que todos lloramos, de felicidad. Sueño por el simple placer de soñar. Sueño que entiendo mis sueños y sigo soñando a voluntad. Sueño que todos soñamos y soñamos el mismo sueño.

Sueño que la realidad y la fantasía no son tan diferentes.

Sueño y viajo. Viajo y sueño. No importa el orden, porque cuando sueño viajo y cuando viajo sueño.

Me resistí por años a escribir un libro. El miedo, la pereza, la inseguridad y mi computadora a la que suele fallarle la letra «i» no ayudaban. Pero aquí estoy, después de una pandemia, sentado frente a una pantalla haciendo un esfuerzo por aterrizar mi torbellino mental en unas cuantas páginas.

La gente me conoce por mis consejos de viaje, pero, en un acto de honestidad, debo decir que recomendar hoteles, atracciones o *tips* para ahorrar dinero no es lo que más disfruto de mi trabajo. Lo que en verdad me apasiona de lo que hago es la oportunidad de compartir mi propio viaje, el viaje interior que parece acelerarse cuando tomo un avión y recorro miles de kilómetros. Lo que pasa dentro de mí cuando visito un país nuevo o una ciudad alucinante y cuando platico con alguien que vive una realidad distinta a la mía. Viajar me ha cambiado, me transforma y me moldea con cada kilómetro recorrido, y es ese recorrido el que más gozo compartir. Porque todos podemos visitar el mismo sitio, pero es imposible vivir la misma experiencia.

Me dedico a viajar, pero mi deporte favorito es la reflexión. Cuando estoy parado frente a un atardecer, en lo que menos pienso es en el sol. Pienso en mí, en el tiempo, en mis errores, en mis decisiones, en lo afortunado que soy; también pienso en mis heridas. De vez en cuando me vienen a la mente pensamientos sorpresivos que acaban inspirando mi trabajo o motivándome a seguir adelante. Siento que el mundo es como una preciosa escenografía en la que cada uno cuenta y actúa su historia. Para eso es este libro, para contarte mis reflexiones, mis pensamientos y compartirte de la manera más personal posible cómo es que viajar ha modificado quien soy.

No viajo porque me sienta inteligente, sino porque tengo unas ganas irremediables de que se me quite lo imbécil.

Todos ignoramos algo. Es imposible que alguien lo sepa todo, pero el hambre de conocimiento es de las ambiciones más sanas que conozco. Tener ganas de saber más, de observar más, de oler, de tocar, de sentir, son un síntoma inequívoco de inteligencia. Y viajar es parte de ello.

Viajar y leer son probablemente dos de las actividades que más nos hacen crecer como seres humanos. No es que sean las únicas, pero tomar la decisión de empezar un libro o una aventura en algún sitio del planeta requiere de determinación, sobre todo en esta época en la que hay tantas opciones para ocupar nuestro tiempo libre. Desperdiciarlo, por ejemplo.

Aun así, hay libros y viajes que nos transforman más que otros. Esto se debe, creo, a una combinación de momento, lugar y valor. La magia de los viajes está justo ahí, no se puede replicar la experiencia ajena: viajar es una búsqueda personal.

La lectura es, además, el complemento perfecto de un viaje. No conozco un solo viajero que admire que no sea un lector comprometido. Hay dos cosas que podría hacer y que nunca serían suficientes: viajar y leer. Ambas son actividades infinitas.

Así que también estoy resignado. Resignado a que no leeré todos los libros que quisiera y que no visitaré todos los lugares que me gustaría, pues para ambos escenarios necesitaría muchísimo más que una vida. Gracias a ti que lees esto, por dedicarme una parte de la tuya.

Este libro

Dividí este libro en 10 lecciones que representan a muchísimas reflexiones. Puedes leerlo en orden o dejar la lección a la suerte o, simplemente, a lo que se te antoje leer en ese momento. Mi intención es que juntos reflexionemos y pensemos sobre la bondad de abrir nuestros horizontes a través de viajar.

Este libro refleja mi forma de pensar en el momento en el que lo escribo; el pensamiento siempre está (o debe estar) en constante evolución y movimiento, lo que significa que es probable que en unos años no piense de la misma forma o algunos de los conceptos que aquí presento se hayan modificado en mi cabeza. Esto no me parece negativo, al contrario, es una oportunidad de expresar quién soy yo en este preciso instante.

Decir que todas las reflexiones que leerás son completamente mías sería mentir. Así como cambia dentro de nosotros, el conocimiento tiene miles de años desarrollándose y distintas filosofías de vida hablan de lo que estoy por contarte. Esta es mi manera de entender todas esas ideas y quiero compartir los viajes que me llevaron a eso, a pensar y, muy importante, a entender lo que pensamos. No hay nada nuevo bajo el sol, solo que en muchas ocasiones hay que estar en cierto estado de ánimo o momento de la vida para entender algunas cuestiones. Es como una canción de Adele, si la escuchamos cuando estamos de buen humor, rescataremos su voz, el poder de su interpretación y la melodía; pero si se nos ocurre escucharla con el corazón roto, estoy seguro de que la letra se clavará directo en nuestras fibras profundas, sin obstáculos. Es la misma canción, pero es el momento en el que la escuchamos lo que nos hace apreciarla de manera distinta. Lo mismo pasa con los viajes y sus lecciones. No siempre estamos listos para entenderlos.

En mi trabajo siempre me he esforzado por hacer las cosas lo más atemporales posibles. Este libro no es la excepción. Si bien he dicho que representa una radiografía de mi forma de ver el mundo en el momento en que lo escribo, me encantaría que pudieras retomarlo en cualquier momento y que sus ideas sigan cumpliendo el objetivo: hacerte reflexionar. Por esta razón, no hay ninguna prisa por terminarlo.

Viajar cambiará tu vida

Esta frase la hemos escuchado muchísimas veces, yo mismo la he repetido en mis videos y escritos, aunque en realidad me gusta decirlo de esta forma:

«Viajar podría cambiarte la vida».

Yo he decidido agregarle la posibilidad, la opción de que viajar nos cambie la vida. Me aterra pensar que alguien emprenda una aventura esperando una transformación radical —como si viajar fuera una especie de cirugía mental— en la que el cambio está implícito por el simple hecho de tomar un avión, un tren o tu propio auto. Como si el solo acto de pisar una tierra ajena desatara un conjuro mágico en el que nuestros problemas desaparecen y entendemos la vida desde todas sus dimensiones, abrazamos la plenitud y nos convertimos en el dalái lama después de un tour por Asia. La realidad es que no. Podemos hacer un viaje y regresar siendo tan estúpidos como nos fuimos.

Por supuesto que viajar ofrece una gama de posibilidades para el cambio. Pero, a diferencia de antes, ahora tenemos la opción de tomarlas o no. De eso hablo más a detalle en el capítulo tres.

Viajar es una maravilla y por fortuna (al menos antes de la pandemia) cada vez más y más personas tenemos la oportunidad de hacerlo. Hoy, en 2023, estamos recuperando el ritmo.

Viajar no solo nos permite conocer otras formas de vivir, de pensar, de rezar, de amar. Nos regala la oportunidad de conocernos a nosotros mismos a través de la incomodidad, de la sorpresa, del asombro, del descubrimiento. Nos enfrenta al bello e indescifrable planeta en el que vivimos mientras nos recuerda que nosotros somos parte de la belleza y la oscuridad que lo habitan. Viajar también nos confronta con la responsabilidad sobre nuestras decisiones, mientras nos gratifica con paisajes inolvidables. Viajar a veces se parece a un videojuego en el que nuestras decisiones nos guían por distintos mundos por los que vamos sorteando aventuras, recogiendo recompensas y recolectando experiencias y conocimiento. Y en la vida, así como en los videojuegos, podemos hacer un poco de trampa.

La mayoría de las lecciones que aprendí al viajar llegaron a mí sin pedirlas ni esperarlas. Eso sí, todas se han ido reforzando con cada uno de mis viajes posteriores y algunos conceptos van cuajando con el paso del tiempo y la suma de distintas experiencias. No todas las entendí de inmediato, muchas ni siquiera eran claras, a veces solo era una especie de sensación, una emoción que me costaba trabajo describir o expresar con palabras. Otras eran conceptos en verdad fáciles de entender, pero muy complicados de aplicar. Si algo tengo claro es que puede haber un abismo gigante entre la teoría y la práctica.

Algunas ideas que aparecieron durante mis viajes tuvieron implicaciones directas en mi vida cotidiana, en mis relaciones familiares, de pareja o en mi trabajo como actor. Esa es una de las razones por las que defiendo los viajes como parte de nuestra formación laboral y personal, pues sus bondades y enseñanzas se quedan con nosotros el resto de nuestra vida. Siempre y cuando pongamos la atención suficiente.

Esto es lo que hasta ahora he aprendido viajando.

LECCIÓN 1

SER NIÑO DE NUEVO

La ventana que no abre

Uno de los sueños más frecuentes que tenía en mi infancia era volar. No importaba la situación ni el lugar, lo único que tenía que hacer era agitar mis brazos de la forma más ridícula posible y cuando menos lo esperaba estaba alzándome por el aire con una mezcla de poder y miedo. Podía verlo todo y a todos debajo de mí, era una sensación espectacular. Me deslizaba en el aire con tal destreza que me sentía poco más que un superhéroe. Amaba las noches en que soñaba que volaba. Me recuerdo yendo a la cama con ganas de volar, era mi sueño favorito y sabía que esa sensación solo era posible recrearla oníricamente.

Hasta que viajé.

El primer avión que tomé en mi vida fue un vuelo Guadalajara-Los Ángeles. Tenía nueve años. Recuerdo a la perfección el olor, la textura del asiento, los sonidos del motor y los inalcanzables compartimentos superiores donde los adultos guardaban sus pertenencias. Pasé noches enteras imaginando la comida que, según mi madre, era exactamente como la de los restaurantes pero en miniatura. Qué bueno que los vuelos se toman de vez en cuando porque nadie puede sobrevivir comiendo alimentos miniatura. Imaginaba lo que se sentiría despegar, esa sensación de separarse del suelo para lograr uno de los actos más maravillosos que, en mi opinión, ha logrado la humanidad: volar.

Cuando me enteré de que viajaría en avión por primera vez mi cerebro infantil ya había creado en mi cabeza un escenario completo de cómo sería esa experiencia, incluido, por supuesto, el momento culminante de abrir la ventana para poder sacar la mano y tocar las nubes. La anticipación de esa experiencia era tan poderosa que no cabía en mi cabeza otra posibilidad que no fuera como la imaginaba. Con ese primer vuelo no solo descubrí el poder, a veces devastador, de la expectativa, sino también la desilusión.

El cielo era pequeño comparado con el tamaño de mi decepción cuando me enteré de que las ventanas de los aviones no podían abrirse. ¿Qué clase de diseño era ese? ¿Una ventana que no se abre? ¿Qué sigue, puertas que dan a una pared, escaleras que no llevan a ningún lado? ¿Quién había diseñado semejante tontería?

No podía creer que aquello que había imaginado durante días no fuera posible. Quería abrir esa ventana, quería ver si en realidad las nubes eran de vapor como me había dicho mi madre. Esta comprobación se vio frustrada por la noticia de que las ventanas de los aviones nunca han podido abrirse, se trataba de una «falla» de diseño en todos los aviones comerciales. Me parecía una estupidez y no había ninguna explicación que pudiera cambiar mi opinión al respecto. Los adultos a veces son tan tontos. ¿A quién se le ocurre poner ventanas que no pueden abrirse?

Me distraje del enojo y mis sentidos se alertaron por completo cuando las turbinas aceleraron a máxima potencia al inicio de la pista, estábamos a punto de despegar y mi cuerpo vibraba de forma descontrolada, no sé si por la fuerza de los motores o por la desbordante emoción; era imposible saber cuál de ellas me sacudía más. Estaba a punto de volar despierto.

Y volé por primera vez. La primera de muchas.

Desde aquella vez me resigné a ver el mundo pasar por esa ventana sin la posibilidad de tocarlo. Aun así, la sensación era espectacular. Estábamos volando. Despegados por completo del piso, navegando por el aire en un acto que para mí no podía tratarse de algo más que de magia.

Daría lo que fuera por recrear las sensaciones que ese primer vuelo despertó en mi pequeño cuerpo. La expectativa, la sorpresa, el miedo y otras decenas de emociones que estaba descubriendo por primera vez, incluyendo el temor de un accidente —a esa edad ya había escuchado varias historias de terror—. Aprender a abrocharse el cinturón y a sentarme por única vez en clase turista sin que mis rodillas pegaran con el asiento de enfrente. Descubrir ¡mi mesa personal!, las revistas; me habían contado que algunos aviones modernos incluso tenían una tele enfrente de ti. No podía creerlo.

Ahora sería imposible contar cuántos vuelos he tomado, pero siempre procuro sentarme en la ventanilla para recordar aquel día en el que soñé con sacar la mano por la ventana para tocar las nubes y decirle a mi madre: «Tenías razón, están hechas de vapor».

Cuando somos niños todo es nuevo, todo es sorpresa y la imaginación rellena los huecos de información y experiencia que no poseemos. Jugamos a la vida, sin saberlo. Soñamos en grande, no necesitamos mucho más que aquello que creamos en nuestra mente y cuando experimentamos el mundo material nuestro cuerpo reacciona con una serie de sensaciones que no conocen límites en su expresión. No conocemos barreras ni limitaciones, el mundo se encarga de presentarnos todas esas estructuras con el tiempo. Soñamos, soñamos que volamos y soñamos que jugamos. Soñamos sin límites y de manera incansable. Soñamos con descubrir el mundo.

Viajar nos ofrece la oportunidad de volver a soñar y ser niños de nuevo.

La capacidad de asombro

Alguna vez me preguntaron: «Si pudieras estar un día en la piel de un explorador del pasado, ¿a quién elegirías?». Sin dudarlo, respondí: «Johann Ludwig Burckhardt, el primer explorador europeo en Petra».

Petra es uno de los sitios del mundo que más me han impresionado, ver esta enorme ciudad tallada en las montañas de Jordania, rodeada de misticismo, de acantilados, cañones y colores imposibles es una visión que le roba el aliento a cualquier viajero, se merece por completo su título de nueva maravilla del mundo. Todos hemos visto alguna foto de Petra, algún video o documental, incluso hemos visto a esta maravillosa zona arqueológica aparecer en famosas películas. Es prácticamente imposible que lleguemos a Petra sin tener al menos una idea de lo que veremos. Por eso la historia de Burckhardt me llama tanto la atención.

Johann Ludwig Burckhardt fue un viajero y explorador suizo que, además de todo, era espía. Se convirtió en el primer europeo en pisar la ciudad prohibida de Petra, un sitio que estaba reservado por entero para los lugareños con el afán de mantenerlo alejado de las rutas comerciales. Petra era una leyenda, un lugar que llegaba a oídos de los extranjeros como si de una fantasía se tratara, un relato maravilloso de una ciudad como no había otra. En una época en la que no existían los recursos visuales, la narrativa oral lo era todo, el Instagram de la Antigüedad. A través de la palabra se lograban construir fotografías fantásticas en la imaginación de los exploradores. Los adjetivos eran los filtros, las caras de asombro, los *likes,* y la repetición del relato era la forma de hacerlo viral.

Se hablaba de Petra como de pocos lugares. En la Antigüedad, las anécdotas coincidían en que para llegar a esta impresionante ciudad había que caminar por un larguísimo cañón de piedra rojiza que el agua había esculpido con el paso de los siglos. Durante aquel recorrido podía observarse un admirable sistema de canalización de aguas que abastecía a la ciudad de tan preciado líquido en mitad del desierto, una maravilla de la ingeniería. El final de este cañón representa la entrada a la ciudad tallada en la piedra rosa del desierto jordano, la mítica capital del antiguo reino de los nabateos. Un lugar del que, hasta entonces, ningún occidental había sido testigo. Al menos en los últimos 600 años. De cierta manera, visitarlo significaba la muerte.

Desafiando todas las advertencias, Johann Burckhardt emprendió una expedición por el territorio de la actual Jordania disfrazado de árabe y con una identidad falsa. Johann era un hombre muy culto y educado, su dominio del idioma árabe lo hacía ideal para esta peligrosa y arriesgada aventura. Y fue así como en 1812, acompañado de un guía, se convirtió en el primer occidental en comprobar los fantásticos relatos sobre esta sorprendente ciudad.

Me tiemblan las manos de imaginar la adrenalina corriendo por las venas de aquel explorador suizo al comenzar a atravesar el imponente Siq, un camino de 1.2 km que lleva hasta la antigua ciudad. Imagínense por un momento llegar allí hace 200 años. Petra es de por sí impresionante, no importa cuántos videos, fotos o películas hayas visto sobre ella. Ahora imagina esto cuando tu capacidad de asombro sobre lo que encontrarás está intacta, cuando la única imagen en tu cabeza es la creada por los relatos, las leyendas y los mitos. Estás arriesgando la vida por ver con tus propios ojos un lugar que nadie en tu continente ha visto antes. Estás a punto de observar un lugar que, si no fuera porque lo estás pisando, respirando, escuchando y contemplando, podrías jurar que solo habita en los sueños y en la imaginación de los narradores.

Tu corazón palpita a mil por hora. El sonido seco de las herraduras del caballo que montas hace eco en el cañón de piedra rosa que se levanta hasta 70 metros sobre ti. Tu respiración se agita, debes contener la emoción; si te descubren, estás muerto. Este territorio significa la muerte para todos los cristianos que tienen la osadía de invadirlo. Avanzas con una falsa identidad, la del jeque Ibrahim ibn Abdallah, y debes sostener la intención que te permitió dejar la caravana y adentrarte en la ciudad de piedra para ofrecer un sacrificio en la tumba del profeta Aarón.

Avanzas, el cañón se ensancha por momentos y luego se encoge como una gigantesca serpiente rocosa. El viento del desierto sopla entre las paredes de piedra como si el lugar fuera un instrumento inmenso. Intentas disimular el estupor mientras guardas en tu cerebro las imágenes que llegan a ti, es imposible tomar notas, es impensable hacer un dibujo, tu vida está de por medio. Debes confiar en tu memoria y conservar en tu cerebro cada nicho, cada figura, cada tumba que tus ojos pueden ver. Tu identidad no puede ser descubierta, debajo del disfraz está el asombro encarnado, la sorpresa agitada y el descubrimiento a flor de piel.

Al final del cañón, una impresionante construcción se asoma entre el espacio que dejan las dos enormes paredes. Tu corazón parece detenerse, el Siq termina y estás ahora en el equivalente a una plaza enorme frente a la que se eleva el edificio más impresionante de Petra: el Khazneh, hoy conocido como El Tesoro. Un lugar excavado en la piedra de impresionantes dimensiones y detalles que te roban el aliento.

No puedo describir la emoción que me provoca tan solo pensarlo. Ver Petra por primera vez, antes que nadie en tu continente, cuando no existía la fotografía, cuando no estábamos bombardeados de información a cada segundo, cuando el mundo parecía avanzar más lento. Burckhardt debía confiar en su memoria para poder describir lo que vio, incluso cosas que hoy ya no se conservan. La Petra de Burckhardt ya no existe. Como el mundo que recorremos tampoco se conservará tal cual para las próximas generaciones.

Burckhardt no dejó fuera los más finos detalles cuando plasmó en su diario todas las maravillas que observó. Le sorprendieron las tumbas reales, los sistemas de canalización de agua, el trato de la gente, las tonalidades de colores de todo el lugar y los olores que recorrían aquellos vericuetos. Nos dejó un testigo narrativo de esa visita que aceleró su corazón y acelera también el mío cada vez que recuerdo la historia.

Yo no tengo la valentía de Burckhardt ni tampoco su afán científico, pero admiro profundamente su labor, coraje y determinación en una época en que los peligros, riesgos y vicisitudes vividas son casi imposibles de imaginar para quienes vivimos en la era digital. Había algo que a Burckhardt le sobraba: la capacidad de asombro.

La capacidad de asombro es una de las cosas que más nos hacen disfrutar un viaje. Anhelamos recorrer el mundo para visitar lugares que nos roben el aliento y nos provoquen un asalto emocional al verlos y recorrerlos. Sitios que hagan palpitar nuestro corazón de la misma manera en que Petra lo hizo con Burckhardt. Queremos que cada país, ciudad o pueblo nos sorprenda, nos haga sentir.

Es completamente natural esperar esto de un viaje. Todos lo hacemos y es la razón principal de por qué los primeros viajes resultan ser tan mágicos y transformadores. Somos niños anhelando ser sorprendidos por el mundo, aunque a veces nos topemos con que la ventana no puede abrirse. Pero también es cierto que mantener esa capacidad de asombro en una era en la que la información literalmente vuela por el aire es todo un reto.

No podemos ser Burckhardt, no vivimos en la misma época y por fortuna no tenemos que arriesgar la vida para disfrutar de una de las maravillas del mundo. Pero ¿cómo podemos trabajar nuestra capacidad de asombro para que no se agote?

Recurriendo a nuestro niño interior.

El lugar más feliz de la Tierra

Yo estaba tan emocionado como solo un niño de nueve años que está por conocer Disneyland puede estar. Trataba de crear en mi cabeza las imágenes de lo que mis ojos descubrirían por primera vez aquel verano de 1989. Las fotos del viaje de mi hermana unos años antes al «lugar más feliz de la Tierra» no me eran suficientes en una época en la que no existía internet, Wikipedia ni YouTube. Quería saber cómo era todo, dónde vendían los boletos, cómo llegar hasta allá y si Mickey Mouse podría platicar conmigo.

Mi hermana, 10 años mayor que yo, me decía que no recordaba cada detalle, que habían pasado muchos años y que había ido muy pequeña como para retener toda la información que yo le demandaba. Uno de los pocos episodios frescos en su memoria era un espectáculo de *Star Wars* que representaba una batalla entre los *Stormtroopers* y los *Jedi* a poca distancia del público. Yo no podía contener mi asombro:

—¿Tienen espadas láser de verdad? —pregunté sin cerrar la boca.

—¡Como en la película! —contestó mi hermana.

No podía imaginarme eso. Yo sabía que las espadas láser de tan famosa saga eran producto de efectos visuales de Hollywood, pero ¿verlo en persona? ¡Eso debía ser asombroso! Yo insistía en que me contara un poco más, mis ojos estaban abiertos como la boca de un payaso y la bombardeaba con decenas de preguntas sobre cómo eran las cosas, qué olor tenían y si se veían exactamente igual que en las películas.

Recuerdo a la perfección las imágenes que se formaban en mi mente con cada dato que me daban las personas que conocían ese lugar tan mágico y tan lejano. ¡Qué increíblemente ilimitada es la imaginación de un niño! Mi mente volaba al escuchar cómo aparecían y desaparecían fantasmas en La Mansión Embrujada; cómo, de acuerdo con la información de algunos testigos, una batalla pirata de proporciones épicas ocurriría mientras navegabas en un barquito que avanzaba de forma misteriosa. Hablaban de un desfile de luces, que se me antojaban estrellas que descendían a la Tierra para bailar entre nosotros.

No podía esperar para llegar a ese lugar. Contaba los días para poder volar, subirme a ese juego en el que se veía el mundo a tus pies mientras flotabas al más puro estilo de Peter Pan. Quería conocer el mundo entero en un paseo en bote, descubrir los fantasmas y hacer un crucero por la jungla con animales que, según los adultos, eran robots. En mi mente no existían murallas: si lo puedes imaginar, puede existir en Disneyland.

El viaje duró menos que un suspiro, no hubo fila que no valiera la pena hacer ni espera que no fuera recompensada. ¡Era real! Los piratas peleaban mientras yo atravesaba un mar de fantasía. Volé sobre Londres como Peter Pan y juro que los automóviles allá abajo se movían. Conocí el mundo sobre un bote y saludé a Mickey en persona, no me habló, y no fue necesario. Recorrí la jungla entre elefantes e hipopótamos y hasta tuvimos que huir de una tribu de caníbales. Corrí, reí, abracé a mis padres y no paraba de darles besos y gracias, gracias y besos. Me empapé en una montaña, volé en una nave espacial hacia las estrellas y, aunque no lo crean, vi pájaros que cantaban como humanos. Conocí a los fantasmas que no espantan y me subí al tren más rápido del mundo. Al caer la noche, cientos de estrellas bajaron a bailar con nosotros en formas infinitas al ritmo de una melodía que aún me hace sonreír. Cuando pensé que todo había terminado, millones de luces llenaron el cielo detrás del castillo. ¡El primer castillo que vi en mi vida! ¡Espera! Hay algo ahí volando... ¡Es campanita! Lloré, quería tener sus alas para llegar a la torre de ese castillo y ver lo que había dentro. En ese lugar que parecía inalcanzable estaba yo, descubriendo por primera vez la felicidad plena y convencido de que no hay sueños demasiado grandes, sino mentes que se hacen pequeñas. Fui feliz, muy feliz.

Mi primer viaje al extranjero fue para visitar Disneyland: «El lugar más feliz de la Tierra», como su eslogan deja claro. Es de las cosas que más les agradezco a mis padres, la oportunidad de vivir esa magia cuando eres pequeño es algo indescriptible. Para nadie es un secreto que los parques de Disney ocupan la cima mundial en cuanto a entretenimiento y parques temáticos se refiere, y de verdad hacen todo lo posible para que tu experiencia sea mágica e inolvidable.

Disneyland tiene un importante valor en mis nostalgias, por lo que me atrevo a usarlo de referencia en este episodio. Hay algo en los parques de Disney que apela de manera inmediata a nuestro niño interior sin importar a qué edad lo visites; esa es la sensación que quisiera rescatar.

No te tienen que gustar Disney ni sus famosos parques de diversiones para entender el punto que quiero expresar. Pero si hablamos de recuperar al niño interior, Disney sabe mejor que nadie cómo hacerlo.

No todos tuvimos la oportunidad de viajar de niños, de hecho, yo no volví a salir del país sino hasta que tuve la mayoría de edad. Sin embargo, esa experiencia se quedó tan clavada en mí que la tomo como referente siempre que siento que mi niño interior se está escapando.

Muchas de las lecciones que he aprendido al viajar se manifiestan primero como sensaciones, emociones, estados de ánimo o sentimientos de aguda profundidad que no logro entender del todo. Viajar nos regala eso. En este caso, la capacidad de asombro nos remite a nuestro niño interior, como cuando yo pensaba que las ventanas de los aviones podían abrirse. Dejarte sorprender es ser niño de nuevo, no importa si la sorpresa ocurre en un sitio creado de forma artificial, como lo es un parque fantástico.

Los parques de Disney son una maestría en turismo, hospitalidad y servicio al cliente. Son esos lugares aparentemente creados para niños al que casi todos los adultos desean ir. ¿Por qué? Porque nos sorprenden, nos remueven las emociones a través de un bombardeo de nostalgia y nos presentan la posibilidad de suspender la incredulidad valiéndose de la parafernalia teatral. Para muchos, es recordar que la magia existe.

Al recorrer los parques poblados de esos personajes que formaron parte de nuestra infancia es imposible no volver, aunque sea por un instante, a los momentos en los que soñamos sin ningún límite, cuando el mundo era tan solo un camino hacia adelante y jugar era nuestra única preocupación. Al entrar a estos parques nos permitimos, nos damos permiso de ser niños de nuevo porque estamos en el entendido de que todos los presentes tienen la misma disposición. Nos compramos unas orejas de Mickey Mouse para portarlas en la cabeza durante el día entero junto con una playera colorida y nos decoramos con una parafernalia que en cualquier otro contexto podría parecer ridícula. Entramos en una convención grupal de que el mundo es un sitio mágico y solo queremos divertirnos, como cuando éramos pequeños.

Las atracciones están diseñadas para sorprendernos, ya sea a través de la tecnología, los efectos de sonido o una caída inesperada. Reímos de asombro. La tremenda sacudida mientras montamos Expedition Everest en Animal Kingdom nos arrebata una carcajada, la Sirenita en It's a Small World nos roba un suspiro y el saludo de Mickey en persona nos emociona como cuando teníamos seis años. Hemos crecido, pero Disney ha diseñado un mundo que nos regresa la capacidad de maravillarnos, que nos arranca expresiones de sorpresa con cada espectáculo, desfile y canción que formaron parte de nuestra vida temprana. No sabemos cómo, pero es esa sensación la que nos hace pagar el alto costo del boleto de entrada.

El poder de este sentimiento, ejemplificado a la perfección gracias a la magia de Disney, puede recrearse sin ningún problema en otro tipo de lugares. El asombro forma parte de la naturaleza, de la arquitectura, de las culturas, de la música, de la comida, del idioma, de las religiones y sobre todo de las personas y va intrínsecamente ligado a nuestras expectativas. El asombro es recibir todo aquello que no esperamos.

El asombro es vivir todo como si fuera la primera vez.

La primera vez

El libro *Azteca* de Gary Jennings tiene una frase en las primeras páginas que me encanta. Sucede cuando el protagonista viaja por primera vez desde su aldea a la gran ciudad, Tenochtitlan, y el padre muy sabiamente le dice: «Mira todo lo que puedas, hijo Mixtli. Tú puedes ver esta maravilla y muchas otras más de una vez, pero siempre y por siempre habrá solo una primera vez».

La primera vez que vemos algo es magia pura. La anticipación de conocer un sitio anhelado es indescriptible. En mis viajes hago todo lo posible para que la primera vez que veo algo sea un momento muy especial.

Uno de los videos más famosos de mi canal de YouTube es en Machu Picchu. La gente recuerda mucho esta visita, más por mi reacción que por las tomas del lugar o los datos que ofrezco. Machu Picchu era, por supuesto, el broche de oro con el que cerraría mi viaje por Perú. Conocer semejante zona arqueológica me robó el sueño más de una noche.

Para llegar a esta antigua ciudad inca hay solo dos opciones, caminar o llegar en tren a Aguas Calientes, el poblado más cercano a la zona arqueológica. Desde ahí solo queda subir caminando o en autobús hacia la entrada. Tomar el tren desde Cusco es la opción más popular y representa una excursión de todo un día que un par de miles de personas realizan a diario. Fue lo que yo hice.

El despertador sonó a las cuatro de la mañana, por suerte, la habitación compartida de mi hostal en Cusco estaba completamente vacía, así que no vacilé en hacer escándalo para prepararme para el gran día. Me disfracé de explorador, empaqué más de lo necesario y revisé tres veces si las baterías de mi cámara estaban todas cargadas. No me da pena decir que no me bañé, hacía mucho frío.

El corazón me latía a mil, las manos me sudaban y una mezcla de nervios y ansiedad invadía mi cuerpo; qué curiosa sensación da saber que tendrás un día especial. El taxi llegó puntual al hostal para llevarme a la estación de trenes. El cielo aún estaba negro y el frío de la montaña calaba en los huesos.

Llegué a la estación una hora antes de la partida de mi tren. Quería tener el tiempo suficiente para resolver cualquier contratiempo con tranquilidad. PeruRail tiene tres tipos de trenes que te trasladan a Aguas Calientes: el *Expedition*, que es el económico; el tren de lujo que lleva el nombre del «descubridor» de Machu Picchu, *Hiram Bingham*; y el *Vistadome Observatory*, un tren de precio intermedio con techo de cristal para apreciar el paisaje en el recorrido, este último es el que yo tomé.

Amo los trenes, me fascinan, es mi modo de transporte favorito. Hay algo en ellos que me da tranquilidad. Los trenes no se pierden, anuncian las estaciones, los baños casi siempre son mejores que los de un autobús o un avión, puedes trabajar, puedes caminar, y te permiten observar el paisaje sin obstrucciones. Pero durante este viaje en tren yo estaba muy ansioso, necesitaba llegar, no podía esperar a ver esa maravilla del mundo por primera vez. Ese es uno de mis muchos defectos, soy muy impaciente.

La mañana del viaje, el tren se retrasó 90 minutos, así que, mientras trataba de disimular mi desesperación acompañada del síndrome de piernas inquietas, leía mi guía de viaje sobre el sitio arqueológico mientras estudiaba con detenimiento el mapa y el recorrido que haría. Cada minuto de retraso amenazaba con modificar mi estado de ánimo, pero la ilusión me ayudaba a mantener la compostura.

El viaje hasta Aguas Calientes duró menos de dos horas, me bajé a toda prisa del tren para dirigirme al autobús que me llevaría a la puerta de la zona arqueológica. Iba tan clavado en llegar a mi punto de destino que no presté atención absoluta al pueblo. Me subí al autobús, pero como fui el primero tuve que esperar a que se llenara para poder partir, lo cual representaba otra prueba para mi paciencia. El síndrome de piernas inquietas a tope.

El viaje me pareció un robo, en 2012 pagabas el equivalente a 19 dólares estadounidenses por un viaje redondo. Claro que la opción de subir a pie siempre existe, pero había leído que era una caminata agotadora de dos horas, así que mi desesperada mente no estaba dispuesta a invertir ese tiempo. ¡Necesitaba llegar a Machu Picchu!

Por supuesto que fui el primero en bajarme del autobús y hasta podría jurar que empujé a un par de turistas para lograrlo. Agudizando mis sentidos como pocas veces, caminé hacia la entrada siguiendo todas las indicaciones y letreros, sabiendo que cualquier error y desviación me costarían un tiempo preciado y ya había perdido 90 minutos de retraso en el tren. Llegué a la entrada, presenté mi boleto y caminé tan rápido como los latidos de mi corazón hacia la zona arqueológica. Un amigo cercano, que había visitado recientemente el lugar, me recomendó desviarme a la izquierda para tener mi primera visión de Machu Picchu a la mayor altura posible. Tomé su consejo y me desvié. Comencé a subir las milenarias rocas, subí y subí hasta llegar a una altura que me pareció prudente, saqué mi cámara y comencé a grabar mi primera impresión de Machu Picchu. Pocas veces en mi vida he sentido tal euforia. Ahí estaba, frente a mí, este mítico lugar que roba el aliento a quien lo visita. Mi primera vista de la legendaria ciudad inca. Era mucho más hermosa de lo que cualquier foto o video podía mostrarme. Mi reacción fue real, tan real que aún hoy en día sigo recibiendo correos electrónicos diciendo que quieren sentir eso mismo que yo sentí al visitar Machu Picchu. La mala noticia es que es imposible.

A mí también me gustaría repetir ese sentimiento en todos los lugares que visito, pero no es tan sencillo. Mi impresión de Machu Picchu se vio magnificada por la expectativa, la desesperación y la ansiedad. No estoy tan seguro de que eso sea una fórmula para retomar a nuestro niño interior, pero esta experiencia me dejó claro que nuestra capacidad de asombro puede trabajarse y renovarse. Sé que no visitaré Machu Picchu de nuevo por primera vez (a menos que me dé un golpe en la cabeza y pierda la memoria —cosa que no le deseo a nadie—), pero sí puedo hacer un esfuerzo consciente por recordar ese momento de asombro, de sorpresa y de plenitud. Solo hay una primera vez, pero hay muchas oportunidades para tratar de revivirla.

¿Cómo mantener la capacidad de asombro?

Durante los primeros viajes, la capacidad de asombro está más o menos intacta. Es fácil recordar el primer templo budista que se visita, la primera zona arqueológica, el primer museo famoso. Pero conforme más vemos y más conocemos nuestra capacidad de asombro parece agotarse. Esto es completamente normal y no deberíamos sentirnos mal por ello.

En mi caso, un buen ejemplo de cómo se agota esa capacidad de asombro está en las fotografías o el video. En la mayoría de mis viajes la cantidad de video y fotografías que tomo en los primeros días suele ser muy superior a la que tomo los últimos días de viaje, y ni les cuento cómo era en mis primeros viajes. Al principio quería grabar absolutamente todo, hasta los pasillos y la recepción de los hoteles, los viajes en taxi, y quería hacer una foto en cada lugar que me parecía interesante. Pero aquí está la pregunta: ¿qué me parece interesante?, ¿por qué me parece interesante?

Prácticamente todo lo que vemos por primera vez nos resulta interesante. El primer edificio árabe, el primer templo hinduista, la primera mezquita, el primer palacio, la primera pintura de Van Gogh. Después del primero, el interés se va desgastando, sobre todo si lo nuevo que vemos es parecido a lo que ya hemos visto (si no me crees, pregúntales a los turistas en Egipto si en el último templo que visitaron estaban prestando igual atención que en el primero). Esto es normal, pero podemos hacer algo al respecto.

Una de las preguntas más frecuentes en mis redes es: «¿Cómo mantienes la capacidad de asombro después de haber visitado tantos lugares?», y la verdad es que me ha costado trabajo explicarlo con palabras. Si les preguntas a mis amigos, algunos te dirán que es porque soy un niñote y siempre trato de ver la vida con buenos ojos, pero la verdad es que no siempre me maravillo de los sitios que visito, aunque siempre hago un esfuerzo por hacerlo y esto es lo que he aprendido.

La capacidad de asombro y mantener despierto al niño interior son cosas que no solo debemos conservar en nuestros viajes. Por el contrario, debemos cultivarlas en nuestra vida cotidiana, que es donde la rutina amenaza con devorarlas. Es por eso que viajar nos ayuda a recordar el enorme placer de impresionarnos, de sorprendernos y de ver la vida con otros ojos. Dicho esto, los puntos que enuncio a continuación pueden aplicarse siempre, no importa si estás de viaje o en la cocina de tu casa.

No compares

Comparar es absurdo, tanto en la vida como en los viajes, pero también es inevitable. Las comparaciones son, en muchos casos, inservibles. Cuando visito un lugar y lo subo a mis redes no falta quien me escriba preguntándome si las cataratas del Niágara son mejores que las de Iguazú, si Roma es más bonita que Florencia o si la Patagonia es más impresionante que Nueva Zelanda. Entiendo de dónde viene esta necesidad de comparación, pero en estos casos es completamente inútil.

Todo lo que no nos sirva en la vida hay que desecharlo, por ello comparar no nos sirve a menos que tengamos que tomar una decisión inmediata. Es decir, si solo puedo visitar una ciudad y debo escoger entre Roma o Florencia, tendré que comparar para ver cuál de las dos se acerca más a lo que yo tengo ganas de conocer. Pero cometeríamos un gran error (y lo hacemos todo el tiempo) si empezamos a comparar como una especie de competencia.

¿De qué me sirve comparar las cataratas del Niágara con las de Iguazú? En primera, el mundo no es una competencia; en segunda, no es como que estemos parados en la bifurcación de un camino que nos lleve a una o a otra y tengamos que elegir. Comparar es un gran enemigo de la capacidad de asombro y de nuestro niño interior, pues atenta contra la oportunidad de gozar con plenitud el lugar donde estamos parados. ¡Estoy en Niágara! Qué demonios me importa si las de Iguazú son más caudalosas, si las cataratas Victoria son más altas o si el agua del Parque Nacional Krka es más verde. Estoy en Niágara y es lo único que debería importarme. Asombrarme con lo que está frente a mis ojos, no en mi cabeza.

Una de las grandes desventajas que veo en los *tour express* que se hacen por varios países de Europa es justo eso. Te atiborran de capitales europeas en una cantidad de tiempo tan reducida que no te permite digerirlas, asimilarlas ni disfrutarlas al máximo. Estas excursiones organizadas te llevan a recorrer, en cuestión de horas, ciudades a las que uno debería dedicarles semanas enteras, lo que orilla al incauto turista a comparar las grandes metrópolis del mundo, como Londres, Barcelona o París.

No les ha dado tiempo de entender el sitio que visitan cuando ya deben moverse a otro, lo que provoca que el cansancio, la saturación y la inevitable comparación acaben mermando su capacidad de asombro. Buscan con desesperación sitios grandiosos que puedan mantener la expectativa tan alta como la esperan, pero olvidan los detalles y dejan el asombro en la superficie, en el brillo y la parafernalia.

No estoy juzgando a quienes viajan de esta forma, al final cada uno de nosotros hace sus viajes de acuerdo con sus posibilidades y necesidades. Pero desde que inicié con mi blog invito a la gente a evitar la mayoría de las excursiones grupales por países europeos o asiáticos para tratar de prevenir que nuestro niño interior se coma todo de un solo bocado. La saturación y la sobrecarga también afectan nuestra capacidad de asombro. Para disfrutar las cosas hay que digerirlas lentamente, así en la vida como en los viajes.

Comparar en la vida cotidiana suele ser igual de inútil. Suena fácil decirlo, aunque en el fondo todos lo hacemos. Pero si tratamos de crear conciencia en nosotros mismos de que compararnos con otros no sirve absolutamente de nada, es probable que dejemos de hacerlo, aunque sea un poco. Es un cliché, lo sé, no obstante pienso que es cierto que cada uno de nosotros es único e irrepetible y recorremos un camino individual imposible de comparar con el de al lado. La vida actual parece una competencia, pero es una pena que en el afán de ser más, tener más y hacer más, nos olvidemos de disfrutar más.

Infórmate

La Piedra del Destino o Piedra de Scone es una piedra que puede verse en el Castillo de Edimburgo. A simple vista es una piedra sin mucho chiste, de forma rectangular, gastada por el tiempo y con unos aros de metal oxidado a los lados para poder manipularla. Si esta piedra la encontráramos en el camino, sin conocer su historia, apenas si nos llamaría la atención. Pero estamos hablando probablemente de la piedra más importante en la historia del Reino Unido.

La Piedra de Scone es el símbolo de la realeza escocesa y su historia tiene al menos 1100 años. Se cree que la piedra tiene orígenes bíblicos y cuenta la leyenda que era usada como almohada por Jacob mientras soñaba con una escalera que lo llevaría al cielo. En el siglo XIII el rey Eduardo I de Inglaterra trasladó la piedra a Londres y desde entonces todos los reyes han sido coronados sobre ella. La piedra fue devuelta a Escocia en 1996 con la condición de que fuera trasladada a la Abadía de Westminster para la coronación de los futuros reyes y reinas.

Pero aquí no acaba todo. Según algunas leyendas, la piedra que el rey Eduardo I se llevó no era la original, algunos creen que los monjes de la Abadía de Scone la escondieron con la intención de preservar tan importante símbolo de identidad y le dieron una copia al rey. Lo que significaría que los reyes de Inglaterra han sido coronados sobre una piedra falsa por cientos de años. Además de las leyendas, la piedra fue robada en 1950 por unos estudiantes y recuperada un año más tarde. Aunque hay personas que creen que la piedra devuelta no es la original.

La Piedra del Destino es sobre todo un símbolo que ha acompañado siglos de historia mundial, todos los reyes de Inglaterra de los últimos 800 años han posado su trasero en ella para ser coronados y los escoceses la mantienen como una parte de su identidad. Esta piedra es mucho más que una roca; es la historia lo que le da relevancia a un rectángulo rocoso, pero si no sabemos todo lo anterior, la piedra no tiene valor.

Por eso la información que poseemos sobre los sitios que conoceremos es vital para nuestra experiencia. Aquello que sabemos puede transformar una simple piedra en decenas de fascinantes historias. La información alimenta nuestra capacidad de asombro y transforma los lugares que pisamos en un escenario de batallas, romances y persecuciones.

Conocer de antemano los lugares que recorreremos como visitantes, contrario a lo que muchos creen, no arruina nuestra capacidad de asombro, sino que la potencia. Da sentido a los detalles y agrega fantasía a cada pared y a cada muro. No hay que esperar a llegar a un sitio para conocerlo, podemos saber todo de él sin siquiera haberlo pisado y, cuando lleguemos, todo tendrá mucho más sentido.

Pregunta

Puede parecer broma, pero a veces le tenemos terror a preguntar. A ver, si la vida es un constante aprendizaje, ¿por qué ese miedo a preguntar?

Preguntar es tocar la puerta del conocimiento, es explorar nuestra curiosidad y nuestras ganas de saber más. No tendría por qué darnos pena. A veces nos da tanto miedo mostrar nuestra ignorancia que nos aterra preguntar algo. Pero bienvenido al mundo real, donde nadie lo sabe todo y somos unos ignorantes en la mayoría de las cosas. Así que no tiene nada de malo no saber.

Preguntar puede abrir una cadena de inquietudes y experiencias que alimenten nuestra capacidad de asombro. Conocer las historias, las leyendas, los datos sorprendentes de los sitios, tratar de entender todo lo que no comprendemos o que no nos ha quedado claro son características de la gente inteligente. Preguntemos sin parar, hasta el cansancio, sin pena ni temor. A veces el asombro está detrás de la respuesta.

Cambia la rutina

Viajar alimenta nuestra capacidad de asombro porque el simple hecho de trasladarte a un sitio nuevo es un cambio en la rutina. Esto provoca que nuestros sentidos estén más alerta, por lo tanto, los estímulos parecen mayores. Pero lo único que ha cambiado es que nosotros estamos más pendientes de lo que sucede.

Cuando llegamos a un país nuevo, lo primero que percibimos es todo aquello que es diferente al sitio donde vivimos, pueden ser pequeños detalles, desde la forma de los semáforos, la manera en que separan la basura, las prohibiciones o las tarjetas que se usan en el transporte público. Solemos dar por sentado todo aquello que es igual. Nuestro cerebro está más despierto, recibe información al mismo tiempo que intenta procesarla. Al principio nos llama la atención todo, por qué la gente no habla en el metro de Japón, por qué los chinos escupen en el suelo, cómo meditan los budistas, cómo preparan el huevo en otros países. Todas las diferencias saltan a la vista y nos asombran, porque se salen de lo esperado.

Variar la rutina está implícito en un viaje y esa sensación de curiosidad y asombro la acompaña. Pero qué pasa cuando estamos de regreso en casa, ¿podemos replicarla?

La respuesta es sí. Podemos hacerlo. También en casa podemos variar la rutina. Tomar una nueva ruta al trabajo, escuchar un nuevo pódcast o música distinta, comer en un restaurante diferente; buscar cosas que nos sorprendan y despierten nuestra curiosidad es más fácil de lo que creemos.

Ve el mundo con otros ojos

La clave de todo, y para muchos la razón de por qué viajamos, es aprender a ver el mundo con otros ojos. Las experiencias que vivimos y la manera en que estas nos sorprenden no son responsabilidad de los lugares o de las vivencias, sino de nosotros mismos. Es la actitud lo que determina el resultado. Por ello a veces es importante cambiar nuestro enfoque si lo que vemos no está provocando aquello que deseamos, tanto en la vida como en los viajes.

Más adelante hablaré sobre cómo todo lo que vemos depende de nuestra forma de percibir el mundo y no una realidad absoluta, pero me gustaría plantear este concepto para que entendamos que la visión que tenemos del mundo es totalmente nuestra responsabilidad. Por lo general, viajar nos pone en un estado de ánimo positivo respecto a lo que nos rodea. Como turistas, tenemos la oportunidad de ver el lado luminoso de los sitios que visitamos. Y aunque siempre hay personas que se empeñan en poner el foco en la «verdadera cara» de un sitio, la realidad es que hacemos turismo para recuperar la fe en la humanidad y en nosotros mismos. Sabemos que los problemas están ahí, pero recordarnos lo bello que puede ser el mundo y las maravillas que hemos creado nos da esperanza para seguir haciendo de este un lugar mejor.

Renovar la capacidad de asombro en nuestra vida diaria y cuando tengamos oportunidad de viajar es nuestra responsabilidad y el beneficio de ello también. Poder ver la belleza del mundo donde otros solo ven cosas negativas hará que nuestros días sean más placenteros y felices. Vivimos en un mundo hermoso, en el que cada día es una oportunidad de sorprendernos. Nadie lo ha visto todo y, aunque así fuera, siempre hay oportunidad de ver todo de nuevo, ahora desde otra perspectiva.

LECCIÓN 2

LA ZONA DE CONFORT

El hospital donde nació mi yo viajero

La herida en su cabeza era del tamaño de una moneda de un peso mexicano. Había bastante sangre. Yo no entendía muy bien lo que pasaba, pues apenas unos segundos antes estaba profundamente dormido y ahora tenía que realizar un esfuerzo por comprender la confusa situación y regresar mis sentidos a su máxima capacidad. Luego de unos segundos, que me parecieron horas, llegamos a la conclusión de que una botella de vino, proveniente de los compartimentos superiores del avión donde los pasajeros guardan su equipaje de mano y las compras del *duty free*, había caído en la cabeza de mi amiga Alejandra cuando alguien (nunca supimos quién) lo abrió para sacar algún objeto. Alejandra es originaria de Argentina, es bailarina y artista plástica y se convirtió en mi primera cómplice viajera.

Estábamos a miles de metros de altura en un vuelo de British Airways proveniente de Londres con destino a Nueva Delhi. Era mi primer viaje transcontinental, mi primer mochilazo, mi primera vez en Asia y todo comenzaba con el pie izquierdo. Apretujados en clase turista, no sabíamos muy bien cómo reaccionar, la cara de Alejandra, cubierta de sangre, buscaba con desesperación respuestas, imposible saber qué tan grave era la situación. La gente nos miraba, llamaron a la azafata, que nos ayudó con cara de terror dándonos algunas gasas para que Alejandra se limpiara. Yo me sentía extremadamente inútil, hacía enormes esfuerzos por salir del sopor tratando de entender si lo que estábamos viviendo era parte de un sueño o una completa y real desgracia.

Faltaban unas cinco horas para aterrizar y las sobrecargos nos movieron a Alejandra y a mí a *business class*, lo único bueno de la situación, aunque nos dieron de comer los mismos sándwiches insípidos que reparten en clase turista. Alejandra lloraba mientras yo trataba de averiguar para qué funcionaban las decenas de botones en el asiento. No pude evitar reírme cuando descubrí que el asiento se reclinaba en su totalidad, por supuesto que tuve que comportarme, mi amiga estaba herida y mis actitudes infantiles no le estaban ayudando.

Aterrizamos en Nueva Delhi sin ningún tipo de reservación, guía de viaje o plan definido. Era medianoche y la primera escala del viaje debía ser un hospital para atender la herida de Alejandra. La travesía que llevábamos planeando meses, que nos robó cientos de horas de sueño mientras imaginábamos tierras exóticas y lejanas, estaba comenzando de la forma menos deseada. Ya habíamos estado a punto de cancelarla pues uno de nuestros destinos era Tailandia y cinco meses antes de emprender la aventura el tsunami más devastador de la historia había azotado las costas de ese país, causando miles de muertes. Pero decidimos seguir adelante con los planes.

El hospital era una escena de película de terror, por lo menos así lo recuerdo. Las luces tintineaban en la recepción con decenas de personas acostadas sobre cajas de cartón desarmadas, durmiendo, esperando, muriendo. No lo sé. Uno que otro can rondaba los pasillos y las salas. La atmósfera quedaba envuelta en un intenso calor y en ese olor a tierra y curry tan característico de la India.

Recuerdo muy bien la conversación que tuve con el encargado de la aerolínea que nos llevó al hospital. Nos vio asustados y se ofreció a reservarnos algún hotel cercano. Cualquiera que haya estado en India sabe que la primera impresión de este país —en especial tratándose de un joven viajero— puede ser bastante fuerte. Miraba por la ventana y veía escenas que parecían sacadas de un documental. Casas destruidas con gente viviendo en su interior. Vacas, monos y hasta elefantes. Tierra, basura, poca luz y una especie de neblina permanente que le daba a todo un filtro cinematográfico.

Iniciamos la que sería la primera conversación viajera de mi vida con las preguntas básicas que se repetirían a lo largo de mis viajes cuando conoces a alguien en el camino.

—¿Viajando por la India? —preguntó el empleado de la aerolínea.

—Sí, además de Tailandia y Camboya.

—Bien. ¿Por cuántos días? —profundizó.

—Dos semanas en la India y dos en el sudeste asiático.

—Genial. ¿A qué ciudades van en la India?

Aquí se complicó la conversación. No es lo mismo hablar un inglés roto que en un hindi mal leído. Intenté pronunciar los nombres de las ciudades a donde iríamos de la forma como yo entendía que debían pronunciarse, pero fracasé en mi empresa. Solo logré que me entendiera dos de ellas. Esto ya no me estaba gustando.

Mientras le suturaban la cabeza a mi amiga, comencé a darme cuenta de que estaba completamente del otro lado del mundo. ¡Lejísimos! Tan lejos que aquí les rezan a millones de dioses; uno de ellos tiene cabeza de elefante y hay otro que es un mono. Tan lejos que su escritura es del todo incomprensible para mí. Tan lejos que su idioma no lo entiendo en absoluto. Tan lejos que su comida me resulta asquerosa. Tan lejos que lo que llamo hogar está bañado de luz solar, mientras nosotros estamos en la oscuridad de la medianoche sin luna. Tan lejos que mis prejuicios están al borde del abismo y debo tomar la decisión de salvarlos y aferrarme a ellos, o aventarlos por la borda para que se rompan en el fondo. Tan lejos que me siento desprendido. Tan lejos que lo único que en realidad tengo es a mí mismo. Tan lejos que me asusta, me asusta mucho.

Alejandra estaba desanimada, nunca en su vida le habían cosido la piel y resignarse a que su primera vez fuera en un hospital en la India, donde los estándares de higiene no son para nada los ideales, no era fácil. Decidimos preocuparnos por lo que de verdad era importante: que las cosas salieran bien a partir de ese momento. Vigilamos con gran intensidad la limpieza de las manos de la médica, de la aguja y de todos los detalles posibles. Sin embargo, yo no podía relajarme, era un viaje con presupuesto limitado y este imprevisto no estaba contemplado. Por suerte teníamos seguro de viaje, pero funcionaba como reembolso, así que tendríamos que pagar los gastos del hospital y meter el reclamo al regresar a casa.

Con un enorme parche en la frente —que dicho sea de paso fue parte fundamental del *look* de viajera exótica de mi amiga en las fotos—, Alejandra se puso de pie y entendí que estábamos listos para dejar el hospital y, ahora sí, comenzar bien el viaje. Nos acercamos a pagar la cuenta sin idea de cuánto nos costaría el evento. Cada país tiene sus tarifas médicas y lo único que uno escucha son historias terribles sobre accidentes en el extranjero y sus desorbitantes costos. Nos entregaron una caja con medicamentos, entre ellos antibióticos, y una nota escrita a mano con el total de la cuenta. No pude leerlo. Entre la complicada escritura de los números y la cantidad en moneda local era imposible hacer un estimado en dólares estadounidenses en mi cabeza. Por ello le pedí ayuda al empleado de la aerolínea, quien me clarificó la cantidad en rupias: 800. No tenía energía para hacer la conversión. Habíamos cambiado 800 dólares en el aeropuerto y no tenía idea si sería suficiente para pagar la cuenta.

«Son 10 dólares, Alan. No es nada», me dijo Alejandra.

No podía creerlo, 10 dólares por la atención médica y la sutura de la frente con promesa incluida de que no quedaría cicatriz que arruinara la belleza física de mi amiga, más medicamentos. *¡Wow!* Bienvenidos a la India.

Nunca supimos el nombre del hospital. No son cosas que intentas guardar en tu memoria, pero me gusta pensar que en ese hospital nació mi lado viajero. Allí, mi alma dio a luz a lo que algún día sería Alan x el Mundo. A partir de esa pequeña aventura, la forma en que vería mi vida cambiaría por completo.

Lo curioso es que se trata de un suceso que ni siquiera se puede catalogar como grave. Vaya, que te descalabren en un avión rumbo a India es una anécdota que vale la pena contar, pero si intentamos vender ese guion en Hollywood nos morimos de hambre. Y eso me gusta. Quiere decir que no es necesario que tu vida esté al límite para que suceda en ella un cambio radical y favorable.

Esa noche dormimos en un hotel de medio pelo que nos ayudó a reservar el empleado de la aerolínea. Recuerdo que moríamos de hambre y el menú del *room service* ofrecía una cantidad exagerada de platillos exóticos que no estábamos dispuestos a probar en una etapa tan temprana del viaje. La opción más occidental que encontramos fue un *chicken masala sándwich*, que en realidad elegimos porque era la única de las opciones que reunía dos palabras que pudiéramos comprender y sonaran comestible: *chicken* y sándwich. Después de unos 20 minutos llegó el famoso emparedado, que tenía menos gracia que la comida de un reclusorio. Me lo comí porque tenía hambre, pero era un platillo en extremo mediocre.

Al día siguiente nos levantamos temprano para iniciar de manera oficial el viaje. El plan era trasladarnos al centro de Nueva Delhi, buscar un hostal y explorar la ciudad. Hicimos el registro de salida y uno de los empleados del hotel me ayudó a parar un *rickshaw*, un vehículo motorizado parecido a los tuk tuk de Tailandia que puede transportar hasta dos personas, aunque en la India la cantidad de gente en un vehículo es solo una sugerencia. El chico del hotel fijó el precio por nosotros en 80 rupias y me dijo:

—No le des más dinero. Ya lo acordé con él, son 80 rupias.

Le dimos las gracias en lugar de propina y arrancamos un viaje de 50 minutos hacia el centro de Delhi.

No habíamos visto la ciudad de día, era otra. Vibrante, escandalosa, sucia, caótica y sobrepoblada. Yo no podía disimular el miedo disfrazado de asombro. No teníamos ni siquiera un mapa de la ciudad. Lo único que llevaba era una hoja impresa con el nombre en inglés del sitio al que íbamos y debajo el nombre de un hotel que casi sin querer anoté en la misma hoja. Llegamos a Connaught Place, una famosa glorieta del centro de la ciudad de suma importancia comercial. Fuimos allí porque yo había leído sobre este lugar en internet y lo describían como un sitio de atractivo turístico, rodeado de hoteles y comercios. En mi mente eso sonaba a una especie de Times Square y por eso buscaba las luces, los edificios y el ambiente de un lugar así. Cuando arribamos al lugar, me asusté demasiado. Era sucio, ruidoso y tenía más pinta de mercado que de sitio de interés turístico.

«Ni de loco me bajo aquí», pensé. Así que saqué de nuevo la hoja y le pedí al conductor que nos llevara al hotel que había apuntado. No me entendía, pero al ver mi cara de susto decidió emprender la búsqueda. Atravesando un mar de bicicletas, personas, autobuses, *rickshaws* y autos que presionan el claxon de manera incansable, además de un par de elefantes, muchas vacas y varios monos, logramos localizar el hotel unos minutos después y sentí un alivio sin precedentes. Intenté pagar al chofer del *rickshaw* las 80 rupias acordadas, pero no las aceptó. Me dijo que eran 80 por persona, no por el viaje. Yo sabía que me estaba viendo la cara, pero ya estaba harto, asustado y no estaba dispuesto a pelear por dos dólares. No llevaba ni 24 horas en la India y ya quería regresar a casa por segunda vez.

No recuerdo el nombre del hotel, pero sí recuerdo que estaban arreglando el piso de la entrada, por lo que tuvimos que ingresar por un costado. A juzgar por la velocidad de la obra, aún siguen terminando de nivelar ese piso. Llegamos a la recepción y preguntamos si tenían habitaciones para dos personas. Por fortuna tenían disponibilidad y la encargada se ofreció a mostrarnos el lugar antes de pagar. No había nada de lujos y la distribución del cuarto no tenía mucha lógica. Inducidos por el *jet lag*, el cansancio y las pocas ganas de seguir buscando, aceptamos la habitación sin pensarlo demasiado. Yo seguía asustado.

Bajamos a comer; lo único que pudimos pedir fueron unas papas fritas y un par de Coca-Colas. Cuando viajas a otro país, este refresco sabe a casa, simplemente es así. Toda la comida que veía me daba asco y lo poco que se asomaba de la cocina era mejor no mirarlo.

Respiré. ¿Qué demonios estaba yo pensando cuando decidí venir a este lugar?

¿Y qué esperabas, Alan? ¡Es la India, no Disneyland!

El hotel tenía una pequeña agencia de viajes que fue como un bálsamo de tranquilidad. Acudimos casi desesperados y pedimos que nos ayudaran con el resto del viaje. Contratamos un chofer por nueve días, el auto, los hoteles para 12 noches, un pasaje de tren y dos vuelos por la ridícula cantidad de 420 dólares estadounidenses por persona. Empezaba a creer que esto había sido buena idea.

Esa tarde tuvimos que ir a la estación de trenes a recoger los boletos para nuestro trayecto de Agra a Varanasi, pues en aquella época (no sé cómo funcione ahora) los vagones tenían reservada cierta cantidad de boletos para extranjeros, pero es necesario comprarlos directo en la estación presentando tus documentos de viaje.

Uno de los chicos del hotel nos acompañó en el recorrido a pie. Ese recorrido ha sido uno de los más intensos y crudos en mi vida. Jamás me había enfrentado con ese nivel de pobreza, miseria y suciedad. Por momentos trataba de no mirar, pero el miedo a perderme me hacía irremediablemente abrir los ojos. Los 15 minutos que duró la caminata se sintieron eternos y comencé a sentir de nuevo un miedo profundo. Llegamos a la estación, entramos a una oficina en el piso superior que estaba llena de papeles, carpetas y polvo. Había más archivos en ese lugar que en todo el FBI (no conozco una sola oficina del FBI, pero así me lo imagino), la peor pesadilla para cualquier persona obsesionada con el orden. Llenamos un par de formas y nos encontramos con otras dos parejas extranjeras. Al principio de mis viajes en algún país exótico, ver a otros extranjeros era una aspirina de paz, no solo sabía que estaba en el sitio correcto, sino que además no éramos los únicos locos visitando este lugar.

El trámite duró unos 30 minutos. Firmamos un enorme cuaderno y nos entregaron los boletos. Luego regresamos al hotel por el mismo camino. Las sensaciones se repitieron, no estaba entendiendo nada, tenía muchísimas preguntas y no sabía quién podía darme las respuestas. El pensamiento constante de que hacer ese viaje había sido una mala idea volvió a rondarme la cabeza.

Al quinto día de viaje estábamos en Jaipur y en la alberca del hotel conocimos a un mexicano que llevaba viajando seis meses por Asia en solitario. Aunque traté de tener una actitud de viajero experimentado, él leyó el temor a lo desconocido en mi cara. No recuerdo su nombre, solo recuerdo que nos contó que trabajaba para una marca importante de shampoo y que decidió dejarlo todo para viajar por el mundo. Estaba cansado de las oficinas, los correos electrónicos, las juntas y la vida corporativa. Era 2005, hace apenas 18 años, pero la idea de dejarlo todo para recorrer el mundo no se colaba aún en el pensamiento colectivo, muchas de las redes sociales que hoy en día usamos no existían y, si lo pienso un poco, hasta podría parecerme que el mundo era otro. Así que aquel viajero era para mí un ejemplo de valor y determinación que leyó al instante en mi expresivo rostro la curiosidad y el miedo que da la inexperiencia.

—Relájate, India es un país fascinante —me dijo.

—Pero ¿cómo haces con la comida? Es asquerosa —le pregunté, obviamente sin saber lo que decía y cargado de toneladas de prejuicios.

Él soltó una carcajada y, sonriendo, repuso:

—La comida india es de las más deliciosas del mundo, solo hay que saber qué pedir.

Nos hizo algunas recomendaciones gastronómicas mientras nos contaba su travesía por Bangladesh. Me sorprendió la tranquilidad que transmitía, su calma parecía antagonizar con mi desesperación por entender el mundo que me rodeaba. Lo escuché con profunda atención y decidí seguir sus consejos. Esa noche pedí en el restaurante del hotel los platillos que tan amablemente nos sugirió. Por primera vez en cinco días comería otra cosa que no fueran papas fritas o arroz. Me iba a atrever a probar la comida local sin ninguna restricción, algo que para mí era un paso gigantesco.

Estuvo delicioso. Pedimos un pollo al tandoori, nan de ajo y salsa de yogur. Espectacular.

A partir de ese día empecé a relajarme, a sentirme más cómodo con el entorno, conmigo mismo. Mis prejuicios empezaron a derrumbarse poco a poco y me di cuenta de que estaba siendo soberbio y egoísta en extremo. Mi sola presencia era ya una falta de respeto al sitio que visitaba. No tenía idea de la historia del país, de su cultura ni de sus tradiciones. No tenía idea de nada, pero estaba a punto de saber mucho en muy poco tiempo.

Estuvimos un mes recorriendo la India, Tailandia y Camboya, sintiéndonos exploradores, haciendo juicios de todo y añorando las hamburguesas. Dimos un enorme salto casi involuntario lejos de la zona de confort y al principio no fue agradable.

Ese viaje me cambió la vida. No por ser la India, Camboya o Tailandia, sino por quién era yo en ese entonces. Por darme cuenta de cuánto ignoraba. Por entender, mientras atravesábamos el desierto de Thar, que nuestra existencia no es más importante que la de nadie más. Por darme cuenta mientras observaba el Taj Mahal de que se puede llorar de asombro. Por comprender el valor de una sonrisa cuando no se habla el idioma. Por respirar un aire distinto, por moverte, salir, huir de la zona de confort. Allí comprendí un proverbio ugandés que dice: «Quien no sale de su casa, piensa que su madre es la mejor cocinera».

Nació en mí una profunda necesidad de conocer el mundo, un hambre feroz por conocer todo lo que fuera posible en mi tiempo de vida. Allí decidí que quería viajar siempre, hasta mi último aliento.

Podía sentir la transformación en mi manera de ver el mundo de forma clara y precisa, sentía cómo mis paradigmas se derrumbaban. Sabía lo que estaba pasando. Pero no entendía a cabalidad lo que lo provocaba. ¿Por qué cuestiono mi manera de pensar todo el tiempo? ¿Qué es lo que me invita a reflexionar y me obliga a estar más alerta que de costumbre? Entonces lo entendí, estoy saliendo de la zona de confort.

La zona de confort

Yo no inventé el concepto de la zona de confort y estoy seguro de que lo has escuchado en otros sitios. Muchas filosofías de vida, como la Kabbalah, hablan de ella y es un concepto bastante popular en áreas de trabajo y crecimiento personal. La zona de confort, como su nombre lo dice, es ese lugar donde estamos «a gusto». Es como cuando al final del día te tiras en el sofá a ver Netflix y tus preocupaciones se quedan de lado, estás tranquilo y probablemente feliz. En la zona de confort hay comodidad, una aparente paz y muy poco ruido. En este lugar no pasa nada. Pero ese es justo el problema, que no pasa nada.

Es un lugar donde podríamos pasar el resto de nuestra vida. Es en apariencia seguro, y si le tememos al cambio no hay mejor sitio para estar que dentro de él. La mala noticia es que los seres humanos necesitamos un propósito en la vida, algo que justifique nuestra existencia y nos motive a seguir respirando. Necesitamos buscar, lograr, crear, y dentro de la zona de confort no existe nada de esto. Todas las recompensas de la vida están fuera de ella.

Todos conocemos a alguien que vive ahí, en «la zona», podemos ser nosotros mismos. A veces no nos damos cuenta. Estamos atrapados en la rutina, hacemos todos los días lo mismo, casi en automático, y nos compramos la idea de que así es la vida y está bien. Se pasan los días, los meses y sentimos que la vida se nos escapa de las manos sin darnos cuenta. Y de repente estamos mirando hacia atrás, viviendo de recuerdos, pensando en qué hicimos con nuestro tiempo.

No quiero decir con esto que la zona de confort sea un lugar enteramente negativo, todos necesitamos en algún momento de la vida o del día tirarnos al sofá a ver nuestra serie favorita y dejar de pensar en los problemas que nos agobian. Pero también todos nosotros tenemos el hambre de aventura en nuestro ADN y necesitamos darle sabor a la vida, y eso solo se logra saliendo de la zona de confort.

Alejarse de la zona de confort

Puedo decir, sin temor a equivocarme, que viajar es la forma más placentera de salir de ese lugar. No se me ocurre otra. Cuando hice aquel viaje a India jamás imaginé que esa aventura sería una expulsión extrema de la zona de confort. Sin saberlo, no solo di un paso afuera, sino que avancé kilómetros lejos de la zona de confort, tanto que al principio era extremadamente cargante y molesto. No lo sabía, pero era ese cúmulo de sensaciones pesadas y, por momentos, desesperantes lo que estaba moldeando a la persona en la que me convertiría. En ese momento no podía ver las recompensas, solo podía identificar las molestias de salir, de dejar mi zona de confort, y juro que si hubiera tenido el dinero, al segundo día del viaje habría tomado un vuelo de regreso a casa, de vuelta a mi «lugar feliz». Volver siempre es tentador.

Viajar nos obliga a dejar nuestra comodidad atrás, está implícito en la naturaleza de un viaje. Desde el simple hecho de salir de casa, dormir en otra cama, ir a un baño que no es el nuestro, aprender cómo se abre otra regadera, hasta enfrentarnos a un país donde no entendemos el idioma o ni siquiera podemos leer su alfabeto y debemos comprender en minutos cómo funciona su sistema de transporte, un lugar en el que constantemente debemos hacer complicadísimos cálculos mentales con el tipo de cambio en la moneda para cuidar nuestros gastos. Bueno, puede ser incómodo hasta no saber si debemos dar propina o no.

Viajar puede ser un ejercicio lúdico de lo que significa salir de la zona de confort. Las recompensas son enormes y podemos ver lugares maravillosos mientras nos ponemos a prueba. Estamos fuera de la zona de confort y no podemos volver a ella hasta que el viaje termine. Es una manera ideal para aprender a salir de la comodidad de forma más consciente y directa, para así comprender sus beneficios a corto plazo.

Pero la zona de confort aprende de nosotros y nos presenta retos constantes. El más interesante es que va mutando, se acostumbra a lo que hacemos y convierte lo imprevisto en cómodo. Lo que hoy significa salir de la zona de confort es probable que mañana ya sea parte de ella. Es maleable, cambiante y se adapta constantemente, lo que nos obliga a salir de ella todo el tiempo.

Imagina que estás visitando Londres por primera vez en tu vida. Aterrizas en Heathrow, bajas del avión y de inmediato percibes el aire acondicionado, el aroma del desinfectante, y escuchas instrucciones con un marcado acento británico por las bocinas de la terminal aérea. Estás en otro país, en otro continente. Has salido ya de la zona de confort. Sigues los letreros escritos en un idioma diferente al tuyo para llegar al área de migración y el agente imprime el sello en tu pasaporte dándote la bienvenida al Reino Unido. Estás viajando a solas, hay tres filas, una destinada a los ciudadanos británicos, otra para los que pertenecen a la Unión Europea y una más para el resto de los países. Te formas en la indicada, no conoces a nadie. Tus sentidos están alerta, escuchas conversaciones en distintos idiomas, identificas a un par de personas que venían en el mismo avión que tú, serán el último guiño de familiaridad. Llegas con el agente migratorio y entregas tu pasaporte. El agente es mujer, tiene rasgos únicos, su piel es de color aceituna, su cabello negro azabache y su nariz tiene una ligera protuberancia. No es la imagen que tenías en tu cabeza sobre los ingleses. Te hace un par de preguntas, tu cerebro se esfuerza el doble para hablar en un idioma que aprendiste siendo mayor. Tu atención se intensifica. Los sellos en tu pasaporte parecen la liberación de un candado, la puerta se ha abierto. Bienvenido a Londres.

Recoges tu maleta y sales de la terminal para dirigirte al famoso metro londinense, el primero y más antiguo del mundo. Te paras frente a la máquina expendedora de boletos tratando de adivinar qué pasaje adquirir. El metro se divide en zonas. ¿A qué zona voy? La zona de confort no aparece por ningún lado en el mapa, señal de que vamos bien. Hay una fila detrás de ti, sientes la presión de aquellos que tienen prisa, esos a los que la vida no les alcanza. Presionas el botón incorrecto y debes empezar de nuevo. Sigues alerta, no quieres cometer errores, pero estás aprendiendo. «¡Me lleva, la cagué!». Comienzas el proceso de nuevo y por fin el boleto de papel sale de la máquina. ¡Lo lograste! ¡Felicidades! Pero... ¿no habías leído en un blog que lo mejor era comprar una Oyster Card y no un boleto de papel? Probablemente te habrías ahorrado varias libras y si algo caracteriza al metro de Londres es su elevado precio. Recuerda que debemos cuidar nuestros gastos. «¡Demonios, la cagué de nuevo!». Aprendiste de nuevo.

Bajas al andén subterráneo donde el tren ya está esperando. Tomas un asiento de la orilla y acomodas tu maleta junto a ti, hay suficiente espacio, por ahora. El tren tiene una forma curiosa, con un techo abovedado que obliga a la gente alta a agachar la cabeza cuando está parada junto a las puertas.

El aviso de que esas puertas se cerrarán se escucha por las bocinas. El metro arranca, avanzas por un túnel que pinta de negro las ventanas, tendrás que esperar unas cuantas estaciones para conseguir tus primeras vistas de la ciudad.

Después de unos 10 minutos, la luz entra por los vidrios del vagón y las primeras imágenes de los suburbios de la capital inglesa se presentan ante ti. Casas de ladrillo de estructura idéntica, alineadas una junto a la otra, cada una con una chimenea. En tu país pocas casas tienen chimeneas. Aún es temprano y no se ve mucho movimiento. Las paredes que protegen los rieles del metro están cubiertas por grafitis que no logras descifrar. En todo el mundo hay vandalismo.

De nuevo un túnel y la oscuridad en las ventanas. En cada parada, el vagón se va llenando. Sientes que tu maleta es una intrusa y le roba el espacio a un nuevo pasajero. Observas en el techo del vagón el mapa que indica las estaciones y cuentas cuántas te faltan para llegar a tu destino: 12 más hasta Russell Square. Agradeces que la estación en la que debes bajarte esté en la misma línea y no debes transbordar. Respiras y sigues alerta.

Una mezcla de turistas y locales que inician su día habitan temporalmente el tren, el perfume del baño matutino llena el aire, algunos leen, otros más llevan audífonos. Tú observas. «Este no es mi mundo, pero me fascina». Te das cuenta de que estás sentado en un asiento reservado para adultos mayores, personas con impedimentos físicos o mujeres embarazadas. No sabes si pararte para dejarlo libre o quedarte sentado. ¿Te multarán si no te paras? ¿Las reglas son más estrictas que en tu país? No ves a tu alrededor ninguna persona que cumpla las características para cederle tu asiento y decides conservarlo.

Faltan tres estaciones para llegar a tu destino, pero el vagón está lleno a rebosar. Comienzas a preocuparte, la maleta y tú ocupan un espacio que tendrá que desafiar las leyes de la física para salir por la puerta del vagón. Te acaloras y comienzas a sudar, pero el espacio apretujado no te permite maniobrar para quitarte la chamarra.

Anuncian tu estación: Russell Square. Antes de que el tren se detenga, comienzas a moverte para que la gente a tu alrededor entienda que aquí debes bajarte. El cuerpo es un lenguaje universal y las personas en tu órbita lo entienden a la perfección y hacen lo posible por crear espacio para tu salida. El tren se detiene de una sacudida que hace que tu cuerpo se pegue a la persona de enfrente. Pides disculpas en tu idioma. «¡Qué idiota!». Repites la disculpa en inglés, tomas tu maleta y sales con el esfuerzo de un recién nacido que es expulsado por la puerta del vagón como una bienvenida a la vida. Lo lograste. El sonido de que las puertas están por cerrarse retumba de nuevo en la estación: «Please mind the gap between the train and the platform». Las puertas se cierran, el tren parte.

Buscas los letreros de salida, te confundes. El *jet lag* comienza a sentirse en tu cuerpo y te toma un par de segundos entenderlo. Respiras, identificas la salida y caminas hacia ella. Dejas pasar a los demás, la prisa es de ellos, el descubrimiento es tuyo. Atraviesas los torniquetes de salida pero la puerta no te permite pasar y tu cuerpo se detiene abruptamente. La gente detrás de ti se mueve de línea, no entiendes qué sucede. Un policía se acerca y te dice que debes colocar el boleto de papel para poder salir. «¡Demonios! ¿Dónde está el boleto?». Te haces a un lado para dejar pasar al río de personas y comienzas a buscar el boleto. No sabes dónde lo dejaste. Buscas en tu mochila pequeña, en las bolsas externas. No está. Recurres a tu cartera. Buscas cuidadosamente, respiras de forma agitada y tus sentidos están a su máximo potencial. Comienzas a crear escenarios en tu cabeza: «¿Qué pasa si no encuentro el boleto?», «¿me van a meter a la cárcel o, peor, se van a reír de mí, pero me dejarán salir?», «¿tendré que pagar de nuevo el precio de mi viaje?». De todas las opciones, es posible que la última es la que más pesar te cause. La cárcel sería una aventura, bueno, en realidad no. Cuando viajas, los errores salen caros, literalmente. Buscas en tu chamarra, introduces una mano en la bolsa frontal derecha y sientes un pedazo de papel duro, tu corazón se agita más. Sacas la mano con el boleto y el estrés desaparece. El infartito cede, sigues con vida.

Sales de la estación, el aire frío te pega en la cara. Hay un Tesco Express frente a ti, te preguntas qué será. Sigues las indicaciones del mapa y te diriges a tu hotel. No llevas ni dos horas en Londres y ya te pusieron a prueba. Así es el divertido mundo fuera de la zona de confort. Escuchas en tu mente música de triunfo. Lo lograste.

Esta aventura fuera de la zona de confort puede convertirse en toda una anécdota de viaje. Estás en una ciudad, un país y un continente ajeno a ti y ¿adivina qué? Puedes moverte por él mucho mejor de lo que pensabas. Salir de la zona de confort te ha llenado de recompensas, de seguridad y de satisfacción y eso que solo llevas unas cuantas horas de iniciado tu viaje. Salir de la zona de confort siempre vale la pena.

Pero recordemos que la zona de confort se transforma y la segunda vez que te subas al metro de Londres ya lo tendrás más dominado, evitarás sentarte en un asiento reservado, sabrás que hay que colocar el boleto para poder salir y muy probablemente lo hagas usando la Oyster Card y no un boleto de papel. Eso significa que te sentirás con más seguridad y comodidad, lo que significa que tanto la adrenalina como las recompensas irán disminuyendo. Por eso es necesario hacer un esfuerzo y decidirte a salir constantemente de la zona de confort. Y para ello no hay nada mejor que viajar solo.

Viajar solo

Esta es una de las maneras más abruptas de salir de la zona de confort. Por supuesto que para cada persona es diferente y estoy cometiendo la osadía de generalizar un poco, no obstante para la gran mayoría viajar en solitario es un enorme reto. No quiero decir con este capítulo que viajar solo sea la única manera de salir de la zona de confort, en lo absoluto. Pero sí me gustaría resaltar que, cuando viajamos sin compañía, las recompensas de lo que vivimos son mayores y podemos aprender muchísimo.

Hay muchas opciones para viajar en compañía. En cambio, hay una sola manera de viajar solo. Yo soy un gran amante de viajar en solitario y de manera independiente, organizando mis propios viajes. Me encanta, me fascina, y la gran mayoría de mis viajes los he hecho de esta forma. Eso tiene que ver mucho con mi propia personalidad, ya que desde niño soy bastante solitario. Soy un gran amante de la soledad porque recargo energías cuando estoy sin compañía. Incluso en mi vida diaria necesito mis dosis de soledad, porque es allí donde aterrizo mis pensamientos, me tranquilizo, respiro y me doy el maravilloso regalo de la introspección.

Para muchas personas viajar en solitario es una aventura que ni siquiera pasa por su mente, les aterra la idea de encontrarse en un sitio desconocido sin ninguna persona a su lado que pueda ayudarlas, sacarlas de un apuro o simplemente compartir el momento. La realidad es que viajar de esta forma tiene para mí una enorme cantidad de ventajas imposibles de obtener cuando viajas acompañado.

Tú puedes hacer el mismo viaje, al mismo lugar, y visitar los mismos puntos solo o acompañado y la experiencia será completamente distinta. Estoy convencido de que el mundo se percibe de forma muy diferente cuando nadie te acompaña. Los viajes en pareja, familia o con amigos son increíbles, pero en definitiva el valor de viajar solo es algo a lo que yo encuentro muy difícil renunciar una vez que has probado las mieles de la libertad viajera. Creo firmemente que viajar en solitario es tan enriquecedor, terapéutico e inigualable, que todos debemos hacerlo cuando menos una vez en nuestra vida. Si te parezco un loco antisocial, comparto algunas ventajas de viajar solo.

Eres dueño absoluto de tu tiempo

Viajando solo eres dueño total de tu tiempo. Bien asimilado, esto te permite sentirte libre y en control en todo momento: ir a donde quieras en el momento que quieras, y luego quedarte ahí tanto como prefieras. Si decides conocer de pronto toda la ciudad, subir una montaña sin pensarlo mucho o simplemente hacer nada, lo puedes hacer, nadie te detiene. Si un día quieres levantarte a las 4 a. m. para ver cómo llega la mercancía al mercado local, prefieres quedarte dormido porque ya llevas semanas recorriendo ciudades o te dan ganas de tirarte en un parque a leer mientras ves la vida pasar, puedes hacerlo con la tranquilidad de que no tienes que consultarlo con nadie.

Esa libertad al viajar se dice muy fácil, pero no es algo sencillo de alcanzar, por esta razón la encuentro tan valiosa. Descubrir el enorme placer de no tener el tiempo contado cuando viajas; estar porque quieres estar y respirar los lugares a tu tiempo, contemplar y asimilar los sitios en silencio, es algo que no solemos hacer con frecuencia y lo considero vital para entender el lugar que pisamos. Eso se vuelve tu aventura y tu historia.

Ser dueño de tu tiempo es un lujo al que no estamos acostumbrados y eso nos asusta, pero no tiene comparación. Parece que el día nos rinde el triple. El tiempo es tuyo, siempre lo ha sido, pero ahora no hay que esperar a nadie.

Estás con quien mejor te conoce

Te guste o no, eres tu mejor compañía. Viajando solo aprendes a estar contigo mismo y a mantener conversaciones completas con tu psique. Sé que lo anterior puede sonar bastante extraño, pero es algo común, incluso cotidiano, todos lo hacemos, tenemos conversaciones con nosotros mismos cuando queremos arreglar o convencernos de algo. Si viajamos en solitario, esas conversaciones se incrementan y descubres cosas fascinantes. Yo lo he encontrado adictivo y necesito al menos un par de horas al día en mi vida diaria para estar solo conmigo. Esta práctica eterna, que yo descubrí viajando, me parece sumamente saludable y necesaria. Todos necesitamos un momento de silencio y qué mejor que tenerlo mientras conocemos un nuevo lugar, lejos de nuestras referencias inmediatas y de las opiniones que escuchamos a diario.

Es increíble el poder del silencio y lo que hace por nosotros. Mirar por la ventana del tren sin la necesidad de mantener una conversación, caminar por una calle escuchando los sonidos de la ciudad, sentarte en un parque o en una playa y bañarte de sol, verte inmerso en una conversación ajena en un restaurante o ser testigo silencioso de dos amantes en un parque. Viajar solo es estar con tus cincos sentidos en el lugar que visitas. En ese espacio y en ese instante únicos, completamente para ti.

El silencio tiene un poder mágico que solo llega cuando logramos perderle el miedo. El mundo avanza tan rápido que hemos extraviado, poco a poco, el placer de observar y observarnos. Estamos envueltos por un ruido constante que requiere nuestra atención inmediata pero que no necesariamente nos permite asimilar lo que escuchamos. El silencio aleja todos esos estímulos y tiene el poder de transformar nuestros fantasmas mentales en aliados. Nos confronta con nuestros conflictos internos y nos regala conclusiones sin siquiera pedirlas. A la magia le gusta aparecer en el silencio, le gusta sorprendernos y agitarnos. Encuentra placer en plantarnos una lágrima y en ponernos de frente a un espejo. El silencio es sanador. El silencio es casi contrario al miedo, aunque parezcan amigos.

He descubierto que asimilo mejor los lugares que visito cuando viajo solo. Penetro en la experiencia de forma extremadamente personal y la vivo al máximo. Respiro, observo y contemplo. He aprendido a estar conmigo mismo y a conocerme, a entender qué cosas me motivan, cuáles me distraen, las que me roban una sonrisa y cómo, estando solo, me convierto en una versión más auténtica de mi propia persona, sin los juicios y opiniones de los demás. Mejora mi autoestima y mi seguridad, me siento más cómodo con quien soy y me siento orgulloso de ello. Estando solo no hay máscaras, no son necesarias. Y eso es precioso.

Te hace responsable

Hay similitudes entre viajar solo y otros momentos que te exigen enfrentar la vida solo. Por ejemplo, convertirte en adulto. Te separas de tus papás y cortas el cordón umbilical. Das un paso fuera de la zona de confort hacia el mundo real y te das cuenta de que todas tus acciones tienen consecuencias, de que todo lo que hagas de ahora en adelante es tu responsabilidad y que por fin tienes las riendas de tu vida, aunque a veces parezca algo aterrador. Entrar a la adultez es como iniciar un viaje en solitario, sabes que siempre puedes recurrir a la gente en quien confías, pero es momento de volar con alas propias. Es duro, pero aprendes.

Cuando viajas solo, tú eres responsable de la mayor parte del viaje; no hay nadie a quien culpar. Tus logros y fracasos son tuyos y de nadie más, como en la vida. Los errores que cometes deben ser enmendados y enfrentados por ti y eso inevitablemente te hace aprender, crecer y madurar. Al viajar en solitario y por tu cuenta es necesario que te involucres más con el sitio que visitas, que preguntes, investigues y hagas tú mismo las cosas. Por lo tanto, si decides cambiar tu ruta, visitar un desierto o dormir en la cima de una montaña, sabes que eso va a tener consecuencias y cuando estas son positivas —cosa que ocurre la mayoría de las veces—, hay un regalo de satisfacción que te da la vida. Y si las cosas no salen bien, ya tienes una nueva lección aprendida.

Hacer un viaje de este tipo al principio impone y da miedo, pero es increíblemente satisfactorio. Te sientes bien contigo mismo, independiente, autónomo, poderoso. Es una oportunidad de crecimiento única. Hay pocas cosas en la vida que empoderen tanto a una persona como viajar solo. El gran salto fuera de la zona de confort.

Viajas según tus intereses

Cuando viajas en solitario tienes la oportunidad de ver lo que tú y nadie más quiere ver o experimentar. Cuando viajamos acompañados, muchas veces sacrificamos actividades o sitios por el gusto de quienes van con nosotros, pero cuando viajas solo esto no es necesario. Por supuesto que hay también mucho aprendizaje en saber conceder y conciliar entre un grupo de personas que comparten la experiencia, pero de eso hablaremos más adelante. Tener la seguridad de que cuando viajas por cuenta propia no tienes que hacer ni ver nada que no te apetezca es en verdad liberador. Así es como yo he podido quedarme en el Coliseo romano hasta el último momento: cuando los guardias de seguridad me invitaron amablemente a salir para poder irme a casa. Viajando solo he podido disfrutar de atardeceres sin que nadie me presione por el tiempo y he estado un día completo en un mismo museo sin tener que dar explicaciones. Hedonismo viajero puro. La felicidad de saberte independiente, libre, capaz.

De la misma forma, decides el itinerario basándote en nada más que tus gustos e intereses personales. Esto puede parecer de poca importancia para algunos, pero cuando experimentas el placer de hacer lo que te da la gana, todo cobra sentido.

Es después de sentir estas emociones que comienzas a desarrollar un rechazo a que alguien más decida por ti qué ver o qué hacer, como sucedería en un tour. A partir de entonces pensarías: «A mí no me digas cuánto tiempo debo estar en el Vaticano, si me quiero quedar dos horas mirando la Capilla Sixtina, lo hago». Esas son el tipo de cualidades viajeras que desarrollamos al salir de la zona de confort, enfrentamos el miedo y tomamos el control de nuestra vida.

Después de entenderte en soledad y de saber identificar tus prioridades, sería una lástima que, si viajas hasta Roma porque tu sueño es conocer el trabajo de Miguel Ángel en la Capilla Sixtina, tengas a un guía apurándote porque el resto del grupo se tiene que ir.

Otro de los grandes beneficios de viajar en solitario es la flexibilidad para cambiar de planes. Es como una relación donde el único y verdadero compromiso es contigo mismo, así que no pasa nada si te quedas un día o un par de días más en la ciudad que te enamoró o, si no te gustó cierto museo, acortas tu visita. Puedes hacer lo que quieras, eres la única persona a la cual hay que rendirle cuentas. Ese es un aspecto que encuentro sumamente valioso al momento de viajar, dejarte llevar por la corriente y seguir a tu instinto a sabiendas de que las consecuencias de tus decisiones son tuyas, de nadie más.

Es peligrosísimo

A muchos les da miedo viajar en solitario y no entienden cómo es que alguien toma un avión y se va a un país extraño sin compañía. Es un concepto que les parece no solo ajeno, sino espantoso o aterrador. «¡Cómo te vas a ir! ¿Y si te pasa algo? ¿Y cómo te comunicas? ¿Qué vas a hacer? ¿No te aburres?». Esas son algunas preguntas que me han hecho cuando hablo de lo mucho que disfruto viajar por mi cuenta. Algunos incluso tienen una actitud condescendiente con los que amamos viajar solos, como si lo hiciéramos porque no tenemos a nadie que nos acompañe. Desde luego, estas preguntas e inquietudes son genuinas, pero pasado un tiempo las analizas y te das cuenta de que es increíblemente más fácil de lo que pensabas. Viajar solo es más sencillo de lo que las telarañas en nuestra cabeza nos dicen. Nuestros miedos relacionados con esto muchas veces no tienen un sustento real, están basados en prejuicios, anécdotas únicas, rumores y hasta en películas que están del todo alejadas de la realidad o presentan la peor de las posibilidades con el fin de entretener a los espectadores.

Cuando alguien me pregunta: «Alan, ¿es peligroso viajar solo?», yo siempre respondo: «Es peligrosísimo, te puede cambiar la vida».

Si viajas en solitario tendrás tus buenos y tus malos momentos. Por lo tanto, cuando algo no salga bien, cuando te pegue la soledad o te sientas triste, trata de pensar en eso como una enorme oportunidad para crecer, madurar y conocerte.

Aunque el viaje salga catastrófico y pienses: «Nunca en mi vida vuelvo a viajar solo», está bien. Algo aprendiste de ese viaje y era necesario atravesar esa experiencia para aprenderlo, pero si no lo has experimentado, ¿cómo puedes estar seguro de que viajar solo no es para ti?

Nunca estás realmente solo

Una de las mejores cosas de viajar solo es que en realidad nunca lo estás, no por completo. Las oportunidades para conocer gente son inagotables. Yo lo descubrí muy pronto cuando empecé a viajar sin compañía: no solo tenía la oportunidad de estar conmigo mismo mucho tiempo, sino también la puerta estaba abierta para hacer amigos cuando yo quisiera. Esto es especialmente cierto cuando te hospedas en hostales. Hacer amigos viajando es mucho más sencillo de lo que parece y solo basta una sonrisa.

Cuando viajas con alguien es difícil evitar que te encierres en una conversación con esa persona. Por el contrario, el que viaja solo, tarde o temprano se ve inmerso en una plática con un desconocido. No es una regla escrita en piedra, pero hay algo que te empuja a adentrarte más en la cultura y en la sociedad que estás visitando. Y esa es una de las cosas más valiosas de un viaje: conocer, observar, platicar con gente local, ver qué pasa cuando los turistas ya no están en las zonas habituales.

Además, no hay nada que un par de cervezas no arreglen, incluso para las personas más reservadas. Conocer gente es de lo mejor que sucede en los viajes, las conversaciones al viajar son de las cosas que más nos marcan. En mis travesías he conocido gente de todas partes del mundo y de todos aprendo algo, siempre hay un tema en común, una anécdota que compartir o una recomendación que hacer. Es increíble conocer personas locales, pero también es muy probable que hagas amistad con otros viajeros que te ofrezcan su propia visión del sitio que ambos están visitando, desde su particular forma de ver el mundo, y eso es increíblemente valioso.

Hoy por hoy puedo decir que conservo amistades importantes iniciadas en un viaje, y aunque no todas las personas que conocemos están destinadas a permanecer en nuestra vida, es la magia de coincidir por un momento, en un pedacito del mundo, lo que enriquece y le da color a nuestra existencia. Hacer nuevos amigos viajando no es algo que se limite a los viajeros solitarios, pero es más común. Sería una lástima desperdiciar esas oportunidades.

La zona de confort de todos los días

Salir de la zona de confort viajando es una práctica que debemos tratar de replicar en la vida cotidiana. La satisfacción que ofrece salir de la rutina y enfrentarte a un mundo desconocido deriva en cantidades enormes de aprendizaje y crecimiento que no están en lo absoluto limitados a viajar. Al contrario, es en la vida donde debemos hacer el esfuerzo diario por escaparnos de la comodidad de lo conocido y explorar nuestro mundo sin necesidad de tomar un avión. Esa es la verdadera lección.

Todos los días podemos salir de la zona de confort y todos los días podemos obtener sus recompensas. Si bien viajando lo hacemos de forma exponencial, y a veces extrema, en nuestra vida diaria podemos hacer pequeñas cosas que nos saquen de ese espacio confortable y nos hagan aprender algo. No necesitamos hacer grandes cambios, son los detalles y las pequeñas acciones las que nos hacen crecer.

Todo mundo nos dice que hay que aprender a decir NO, y esto es una verdad. Muchas personas batallan con dar una negativa por varias razones. Pero también hay personas a las que nos da miedo decir SÍ. Atrevernos a dar el paso a lo nuevo. Salir de la zona de confort es atravesar el miedo y abrir la puerta hacia experiencias nuevas o negarnos a hacer algo que no nos gusta. Aunque el miedo no es un monstruo a vencer, sino a domar. Los viajes pueden enseñarnos de forma didáctica, creativa y aventurera cómo hacerlo.

Sé que suena a cliché, y no es mi intención en lo absoluto aleccionar, sino compartir, pero creo firmemente que el miedo nos puede detener a vivir cosas increíbles. Por supuesto que hay que ser precavidos, escuchar a nuestra intuición y aprender a poner límites sanos en nuestras relaciones de todo tipo, pero si sabemos identificar cuando estamos diciendo «no» por el simple hecho de quedarnos en la zona de confort, de elegir el camino más fácil y cómodo, estaremos del otro lado al momento de tomar nuestras decisiones. Somos aventureros por naturaleza, no lo olvidemos. La aventura no siempre sale bien, pero siempre nos regala aprendizaje, y al final de eso se trata el viaje.

Por dos semanas

Mientras trataba de acomodar mi desorden en la moderna cápsula en la que pasaba mis noches en Taipéi, uno de los compañeros de cuarto entró a la habitación. Me saludó en inglés y respondí el saludo con poco interés, estaba demasiado ocupado acomodando la ropa que acababa de lavar y tratando de poner en orden la mochila que durante casi tres meses me había acompañado en una travesía que comenzó en Rusia y terminaría en Singapur, así que no podía darme el lujo de tener una frugal conversación en ese momento. Supongo que mi respuesta fue tan insípida y cortante que de forma automática puso freno a todas las intenciones que aquel compañero tenía de iniciar una plática.

Una vez terminada mi labor, bajé al *lobby* del hostal para hacerme un café. Hasta ahora ese ha sido el único hostal en el mundo en el que había capsulitas de café y Coca-Colas ilimitadas para los huéspedes. Un lujo considerando que pagué menos de 20 dólares por una cama. Me preparé un *lungo* y me senté a leer mi guía de Taiwán para hacer un poco de planificación. Aquel compañero de habitación, que un par de horas antes se había encontrado con mi poco entusiasta saludo, hizo su aparición en el *lobby* y se acomodó en el sillón de junto. Puse especial atención en no despegar la vista del libro para que mi potencial amigo se diera cuenta de que estaba ocupado y no se atreviera a lanzar un nuevo intento por socializar. Ya sé que acabo de decir que conocer gente nueva viajando es maravilloso, pero hay días en que uno simplemente no tiene ganas, como me sucedía aquel caluroso miércoles de verano.

Después de varios minutos de estar sentados en silencio, aquel nuevo compañero expulsó de su boca las tan temidas primeras palabras.

—*Hi, we are in the same room* [Hola, nos tocó en la misma habitación].

Empecé a sentir la sangre de mi cuerpo densa mientras posaba plácidamente mi vista en el capítulo de mi libro que contaba en resumen la interesantísima historia de Taiwán. Respiré, tenía más ganas de correr un maratón que de iniciar una conversación en ese momento, pero no quería ser grosero.

—*Yeah, that's cool* [Sí, está bueno] —contesté, fingiendo entusiasmo.

—*Where are you from?* [¿De dónde eres?].

Me costaba trabajo entender que aquel extraño no hubiera descifrado mi lenguaje corporal, que claramente no era una invitación a conversar; ni siquiera notó el desganado tono de mi voz con el que contesté ni la vibra densa que emanaba de mi cuerpo. O, si los notó, los ignoró olímpicamente y siguió la conversación. Contesté de nuevo sin esforzarme mucho.

—*Mexico*.

Lo normal es que uno devuelva la pregunta, pero al darme cuenta de que mi interlocutor no captaba mis previas señales, fui seco en mi respuesta.

—¡No mames! Yo también, ¿de qué parte?

Podría jurar que ese «no mames» lo cambió todo. Jamás pensé encontrarme con mexicanos en Taiwán y mucho menos tener uno de compañero de cuarto en el hostal. Taiwán no es un país muy visitado y quienes lo hacen son principalmente asiáticos, en su mayoría chinos, así que este encuentro ya era bastante improbable y peculiar.

El «no mames» dio inicio a una larga conversación, ahora con mi entusiasmo modificado. Su nombre era Marvin, originario de la Ciudad de México, había renunciado a su trabajo pues no era feliz y desde hacía tres años viajaba por el mundo. Recorría países sin prisa, patrocinado por un par de departamentos que rentaba en el antiguo Distrito Federal y gracias a los cuales podía permitirse evadir el pensamiento de volver a casa. Viajaba constantemente, pero en Tailandia había conseguido un sitio que podía llamar hogar, y donde vivía una exnovia que le había sido infiel y que le dio motivos suficientes para seguir vagando por el mundo.

Hablamos de cosas banales y cosas profundas. Resolvimos el mundo en un par de horas, energizados por cafés y Coca-Colas gratuitas. Hay algo en las conversaciones entre viajeros que llegan a profundizar de forma rápida sin necesidad de tanto prólogo. Es como si existiera un código implícito entre quienes llaman hogar al mundo y la confianza se construye en un segundo.

Hablamos de sueños, un tema que encuentro recurrente entre viajeros. Nuestros sueños viajeros realizados, nuestros sueños viajeros por realizar y nuestros sueños en general. Yo le conté cómo, viajando por el mundo y documentando todo en mi blog, estaba cumpliendo uno de mis más grandes sueños. Se alegró auténticamente y prometió «echarle un ojo» a mis videos.

—¿Sabes cuál es mi sueño, Alan?

—No —contesté con interés genuino, lo juro.

—Mi sueño es conocer al amor de mi vida y viajar con ella... dos semanas.

Casi escupo el carísimo café gratuito de la risa. Estábamos hablando de cosas profundas y reales, estábamos filosofando sobre la vida de manera real y honesta, así que esperaba todo menos el final de esa sentencia. «¿Dos semanas? ¿De verdad, dos semanas?». Pensé que me diría «para siempre», «mientras podamos» o «toda la vida». No sé, otra cosa, algo que encajara en mi visión de romanticismo e historia feliz, pero ¿dos semanas? ¿Qué clase de «amor de mi vida» es ese que estaba recibiendo un trato incluso menor a un amor de verano? Reí, reí muchísimo, reí fuerte. Él también rio conmigo, pero no tan fuerte.

Era un lobo solitario, el placer de viajar por su cuenta era tal que no se veía viajando con alguien por un tiempo mayor a dos semanas, aunque se tratara del amor de su vida. Entendí sus argumentos, pero me pareció en extremo gracioso y estuve molestándolo con esa anécdota un buen rato. Hicimos una muy buena amistad y viajamos juntos por tres días más junto a Javier, un chico de Guatemala, y Jonathan, de Paraguay, quienes vivían y estudiaban en Taiwán y a quienes conocí gracias a la magia de las redes sociales.

Hicimos muy buen equipo y, cuando parecía que nos despediríamos, los invité a acompañarme a un festival que se celebraba al día siguiente al norte del país.

En agosto se celebra en Taiwán el festival de los fantasmas. En este país, como en casi todo el continente asiático, se tiene una enorme reverencia y respeto por los antepasados. La mayoría de las personas tiene pequeños altares con fotos de sus abuelos o familiares que han fallecido. Algo así como los altares de Día de Muertos en México, solo que en Asia se mantienen durante todo el año y se ora por los ancestros prácticamente todos los días. Sin embargo, hay miles, quizá millones de personas que han sido olvidadas y que no tienen presencia en el hogar de nadie. No hay persona que les rece o les ofrende comida e incienso. Es para ellos que se celebra esta festividad.

Se cree que durante los dos días en que se lleva a cabo el festival de los fantasmas las puertas del inframundo se abren y todos estos espíritus olvidados salen al mundo terrenal, hambrientos y hasta enojados por haber sido olvidados, dispuestos a tomar venganza. Por esta razón, los habitantes de Taiwán ponen ofrendas afuera de las casas y las tiendas y celebran vistosos desfiles para complacer a estos espíritus dejados en el olvido. De esta forma evitan que el enojo de las almas olvidadas pueda afectarles en su día a día, pues un espíritu enojado puede ser bastante travieso y hasta malvado.

Por la noche, ya hacia el cierre del festival, decenas de altares de papel son incinerados y arrojados al mar para mostrar el camino de regreso a las almas olvidadas y así evitar que se queden en este plano. Un despliegue de fuegos artificiales nos robó el aliento y selló con magia nuestro viaje. La pasamos increíble y juntos visitamos otros sitios de Taiwán.

Después de un par de días volvimos a Taipéi y tuvimos que despedirnos.

Por lo general, cuando me despido de alguien en el día a día digo algo como: «Que tengas bonita noche», «Buen fin de semana», pero cuando me despido de un viajero me gusta decirle: «Que tengas una buena vida». Es triste pensarlo, pero es muy posible que pase un tiempo considerable antes de volver a encontrarme con esas personas y lo más probable y triste aún es que nunca volvamos a coincidir. Nos despedimos con tristeza y nos deseamos una buena vida. Meses después recibí un mail de Marvin que decía:

> Estimado Alan:
>
> Muchas gracias por tus videos, tu trabajo y tus mensajes. Aún recuerdo los días que compartimos juntos en Taiwán. Para mí fue un gusto viajar con ustedes, hermanos latinos.
>
> Que su vida siga llena de aventuras, alegrías, buenas experiencias y muchas millas que recorrer. Les deseo que sus pasos estén seguros, en paz y llenos de salud.
>
> Después de mi viaje a Taiwán partí hacia el norte de Tailandia; pasé una semana en Chiang Mai, seis días en Pai, Maehongson y de ahí bajé a Bangkok durante 10 días más. Pasé un par de noches en Kuala Lumpur antes de regresar por tercera ocasión a Bali, donde estuve otros 10 días disfrutando y esperando mi visa de la India.
>
> Este mensaje se los escribo desde Cochi, al suroeste de la India, en una ciudad colonial llena de sorpresas y especias. Les mando un abrazo con mucho cariño y espero vernos pronto. Compré ya mi vuelo redondo desde Tokio, donde partiré

de vuelta a México a mediados de diciembre y de donde regresaré a finales de marzo.

Por ahora, sigo viajando con la esperanza de encontrar al amor de mi vida con el cual viajar... por dos semanas.

Con cariño, su hermano,

Marvin

LECCIÓN 3

CONTAR HISTORIAS, NO PAÍSES

Otra de las preguntas más frecuentes que la gente me hace tanto en persona como en mis redes sociales es cuántos países conozco. Es una duda legítima y natural para cualquier persona. El número de países para muchas personas es una especie de trofeo, como en algunos videojuegos, cada país resulta un logro desbloqueado entre viajeros. Entre más acumules, mayor rango adquieres, como si los sellos en el pasaporte llevaran implícito el crecimiento, la madurez, la experiencia y la educación que los viajes pueden regalarnos. Muchos trotamundos tienen incluso en su biografía el número de países que han visitado, una simple cifra que pareciera elevar tu categoría o tu calidad de viajero al rebasar una o varias decenas. Cometería un error si expreso esto como un juicio de valor, al final, todo mundo puede poner el número que quiera en sus biografías o presumir el número de naciones que ha pisado. Lo que quiero es pensar en su significado. ¿Por qué lo hacemos? ¿Por qué lo preguntamos? Yo mismo se lo pregunté a un viajero experimentado que conocí en Vietnam y fue la última vez que le hice esa pregunta a cualquier persona.

Vietnam fue de los primeros viajes que hice para mi blog. El sudeste asiático siempre ha sido un paraíso mochilero que ofrece aventuras exóticas, gente amable, comida exquisita y paisajes que roban el aliento a precios muy accesibles. No recuerdo el nombre de aquel viajero, pero difícilmente olvidaré la impresión que me causó tan solo verlo entrar y sentarse en el área común del hostal. Era muy alto, atlético y con una cabellera castaña que le caía hasta los hombros. La barba tiraba más a tonos pelirrojos y tenía ese aspecto descuidado de los mochileros que te hace ver interesante al instante, pero que si te descuidas tres días más corres el riesgo de parecer vagabundo. La actitud lo era todo, el tipo sonreía y se movía por el sitio con una seguridad que hasta al mismo dueño del hostal le causaría celos. Para mí era como un imán, era como ver llegar una imagen de un Alan del futuro sentándose justo frente a mí, al menos una imagen idealizada, todo lo que me gustaría llegar a ser o lo que en ese momento pensaba que me gustaría llegar a ser: un viajero *cool* y experimentado que da la sensación de vivir plenamente su vida sin pedir permiso ni perdón a nadie.

Para no confundirnos en el relato, llamaremos a nuestro enigmático y atractivo viajero Highlander. Había algo en su aspecto, parecía tan seguro, incluso un tanto engreído, que si alguien me hubiera dicho que el tipo era inmortal no me habría atrevido a dudarlo. Highlander se sentó en el sofá frente al mío y me saludó con una cordialidad desenfadada. Traía una cerveza local en la mano y observaba su entorno como un padre mira a sus hijos hacer la tarea. El área común del hostal era una estancia duplicada: un par de salas compartían espacio con una enorme mesa que hacía las veces de comedor y centro de negocios. Los muebles gastados por el tiempo y el uso despreocupado de los viajeros no estaban en el mejor de los estados y eran una combinación ecléctica de diseños y formas; como si cada silla, mesa y sillón hubieran llegado por su cuenta para armonizar con el entorno; con el paso del tiempo y la supervivencia al uso de miles de personas, cada pieza representaba una especie de orfandad decorativa que curiosamente en conjunto dotaba a ese espacio con una personalidad rebosante. Esos muebles parecían ser una perfecta analogía para los viajeros que estábamos presentes, el origen de cada uno de nosotros era distinto y distante. Cada uno tenía su propia familia, entorno y espacio, pero allí, en ese lugar, parecíamos combinar a la perfección.

Eran cerca de las ocho de la noche y la mayoría de los huéspedes regresaba al hostal para descansar, cenar, leer, planificar su siguiente día o conocer a otros viajeros. Yo pasaba los ojos con poca atención sobre una revista, llevaba varios días viajando y estaba cansado. No ponía mucho empeño en lo que estaba leyendo, pero resultaba un buen distractor que me permitía practicar el entretenido deporte de observar a la gente. Así fue como me percaté de la llegada de Highlander. Me dio la impresión de ser alguien que viajaba solo, no estaba acompañado y no tenía la actitud de estar esperando a nadie. Fue él quien inició la conversación.

—¿Has probado la cerveza Bia ho'i? —me preguntó con un encantador desenfado.

Yo no tenía ni idea de qué me hablaba, incluso llegué a dudar si había entendido la pregunta.

—Mmm, no —contesté, tratando de imitar su seguridad.

—Esa es la verdadera cerveza de Vietnam, no esta mierda industrial que venden aquí.

No pude descifrar el origen de su acento, pero comencé a sentir una profunda envidia de aquel individuo que hablaba con la misma convicción de quien conoce el mundo.

Ese primer intercambio de palabras que despreciaban la cerveza comercial vietnamita dio inicio a una interesante conversación. Highlander se convirtió rápidamente en una especie de modelo a seguir, de figura ejemplar. Por su forma de expresarse y hablar de las cosas, era evidente que se trataba de un viajero experimentado, que las botas de senderismo desgastadas que llevaba puestas habían pisado muchos más lugares de los que yo había tenido oportunidad de conocer en mi corta vida viajera. No podía dejar de escucharlo y admirarlo, evitaba hablar para no interrumpir su discurso y había cosas que decía que me provocaban el impulso de querer anotarlas en algún sitio. Quería ser como él. Highlander era mi yo del futuro. Entonces hice la pregunta del millón.

—¿Cuántos países conoces?

Highlander me miró con una extraña mezcla de compasión y desprecio que me removió las tripas. No sabía si la pregunta era inapropiada o si aquel cuestionamiento era el que Highlander estaba esperando para poder dejar caer un impresionante número de países que terminara por coronar mi admiración y su escalada en el olimpo viajero.

Contrario a lo que esperaba, Highlander me dio una respuesta mucho más sorpresiva que un número, una frase que estoy seguro no es de su autoría, pero le doy el crédito y agradecimiento por presentármela. Cruzó la pierna mientras se recargaba cómodamente en el sofá y me respondió:

—Yo cuento historias, no países.

No supe qué contestar, al principio me pareció una respuesta petulante y soberbia. No tiene nada de malo que me digas cuántos países conoces; en fin, tu problema. Guardé silencio por un momento, esperando a que mi nuevo modelo a seguir elaborara el tema, estaba incómodo por no saber cómo reaccionar y al mismo tiempo mi instinto me decía que aquel tipo quizá no era tan admirable ni tan inmortal como yo pensaba. Highlander me sonrió y se levantó del sofá, jamás volví a verlo.

Mi idolatría había descendido dos rayitas, aunque no puedo negar que la frase me impactó mucho y estuve dándole vueltas el resto del viaje. «Contar historias, no países». Aunque hoy, mirando hacia atrás y viendo las cosas en perspectiva, considero a Highlander un total mamador, esta frase me la quedo y la he adoptado. Me parece completamente cierta y valiosa en una época en la que corremos el riesgo de que viajar se convierta en una colección de lugares que apenas pisamos y no de experiencias que en verdad atesoremos. Lo importante son los momentos, mucho más que los sitios.

Viajar en tiempos de Instagram

La era digital ha llegado como un huracán a sacudir la forma en que vivimos y nos comunicamos. Las nuevas tecnologías han modificado en tan solo 10 años cómo viajamos de manera sustancial. No puedo negar que mis travesías, hoy por hoy, son bastante diferentes a como las hacía hace una década, y todos podemos estar de acuerdo en que la forma en que viajamos en la actualidad es muy distinta a la de nuestros padres cuando tenían nuestra edad. Las fuentes de información e inspiración a las que recurrimos son otras, las referencias que tomamos no son las mismas que antes y, por supuesto, el cambio más importante: la forma en que compartimos nuestras travesías por el mundo ha dado un giro de ciento ochenta grados. El internet y las redes sociales lo han cambiado todo.

La oportunidad de compartir nuestros viajes en tiempo real es algo con lo que hace 10 años apenas soñábamos. Subir fotografías a redes sociales de los sitios que estamos visitando en ese preciso instante, o historias que reflejan los sonidos, los colores y el ambiente de un lugar justo segundos después de haberlo grabado es algo que no deja de impresionarme y todo gracias a la magia del internet. Poder compartir con nuestros seres queridos y amigos nuestras aventuras por el mundo nos acerca a ellos al mismo tiempo que corremos el riesgo de que nos aleje un poco —o un bastante— del sitio que estamos visitando.

Más adelante hablaré de cómo la conectividad puede convertirse en un atentado contra el presente. En este capítulo me gustaría enfocarme en la expectativa y las motivaciones que generan las redes sociales en nuestros viajes y los comportamientos que hemos adoptado debido a ellas.

Nadie puede negar que el internet y las redes sociales han jugado un importantísimo papel en el crecimiento del turismo y en las decisiones que tomamos al viajar. Gracias a ellos podemos enterarnos de lugares que no teníamos idea que existían y así hemos considerado visitar sitios que de otra forma nunca habríamos puesto en nuestra lista de deseos. El internet nos ha permitido a muchos hacer una carrera como *travel vloggers* y ha puesto al alcance de todos la posibilidad de organizar nuestros propios viajes como si fuéramos una agencia. En pocas palabras: el internet nos ha facilitado la vida.

Hay muchísimas cosas que agradecerle al internet y sus redes sociales. La manera en que nuestro abanico de posibilidades viajeras se ha ampliado no tiene precedentes y la oportunidad de acercar el mundo y sus maravillas, aunque sea de forma virtual a personas que por ahora no han tenido la oportunidad de viajar, es una de las bondades que la tecnología nos regala. Sin embargo, y como todos los grandes cambios del mundo, es un arma de doble filo, las redes sociales pueden crearnos falsas expectativas sobre los lugares, las personas y, lo más grave, sobre nuestra propia vida. Y a esto hay que ponerle especial atención.

#FakeALife

Hay una pieza del artista colombiano Camilo Matiz formada por un espejo enmarcado que tiene frente a sí un letrero de luz neón donde se lee la frase «Take a Selfie» (Tómate una selfie). Las letras están dispuestas de tal forma que al verlas desde cierto ángulo también dicen «Fake a Life» (Finge una vida). En mi opinión, esa pieza refleja a la perfección la dualidad de las redes sociales y lo que le mostramos al mundo.

Hoy en día todos tenemos la tentación de mostrar una vida decorada y artificial a través de las redes. Existen filtros que quitan el acné y hacen los ojos más grandes, las apps que nos hacer parecer más delgados, incluso podemos ponernos un cuerpo falso. Tenemos la oportunidad de mostrarle al mundo una versión *photoshopeada* no solo de nosotros sino de nuestra vida y de nuestros viajes. Por supuesto que nadie quiere mostrar sus miserias en Instagram, pero tampoco se trata de mentir para ser aceptado. Y sí, todos lo hacemos en distinta medida.

Por lo general la percepción que nos dan las redes es un lado luminoso, romántico e idealizado que nos hace desear la vida de todos menos la nuestra. Las personas suelen regalarnos el mejor minuto de su día a través de Instagram Stories, invitándonos a mirar su cotidianidad de manera momentánea. No importa el lugar en el planeta, mientras haya conexión, tendremos acceso a los momentos más increíbles de la vida de otros; podemos observar la existencia ajena decorada con filtros y sonrisas, atardeceres, pasos de montaña, abrazos con el perro, suculentos postres, lugares exóticos y muy deseados, el partido más épico, el concierto del cantante de moda, el *outfit* del día y todos esos instantes de otras vidas que a veces solo parecen recordarnos lo triste que puede ser la nuestra.

Esta es, en mi opinión, un arma en extremo peligrosa si la observamos desde el perfil equivocado. Debemos usar el contenido que nos llega para nuestra inspiración más que para nuestra aspiración. Quiero ver el minuto más increíble de tu día para inspirarme a tener mi propio día increíble, que dura 24 horas. Quiero ver fotografías de sitios increíbles para inspirarme a descubrir mis propios sitios increíbles, no importa que no sean los mismos, mejor que no lo sean. Quiero que me muestres el camino, no para saber a dónde ir, sino para saber que hay caminos para todos, que viajar es posible y cada uno elige su destino.

Bueno, pues así como en las redes sociales, este mismo fenómeno puede presentarse respecto a los lugares que visitamos. Hay fotos increíbles en Instagram que no son en lo absoluto realistas, cielos modificados con atardeceres irreales, superposición de fotografías que hacen ver los sitios mucho más espectaculares de lo que en verdad son y que pueden crearnos expectativas poco aterrizadas y una profunda desilusión cuando los visitemos personalmente. Vemos cuerpos, caras, vidas y sitios perfectos que en realidad no existen. Estamos llevando nuestras expectativas a un nivel asquerosamente inalcanzable y el resultado solo puede ser uno: la profunda tristeza de pensar que los demás tienen mejores experiencias, mejores vidas, mejores cuerpos y que nada de lo que hagamos, seamos o visitemos será suficiente.

Si pensamos en las vidas, destinos y experiencias perfectas que la mercadotecnia nos ha ofrecido por décadas, podemos darnos cuenta de que esto no es algo nuevo. La parafernalia a la que recurren las empresas para vendernos sus productos siempre ofrece un enfoque limitado de la vida, su lado más atractivo. Eso lo sabemos, damos por hecho que la naturaleza de la publicidad no es del todo realista y entendemos que la comida en los comerciales de la televisión está pintada y que la delgadez de las modelos en muchos casos no es del todo saludable. Recuerdo perfectamente cuando de niño vi en un programa de televisión los trucos que se usaban para la publicidad, mi cara se llenó de estupor al descubrir que el delicioso helado que vemos en comerciales y fotografías en realidad es puré de papa, ¡puré de papa! La consistencia del helado no resiste las luces ni los tiempos de producción, por lo que hay que recurrir a trucos como este, que son asombrosamente efectivos para obtener imágenes que nos hagan correr a la tienda por un helado real. Una imagen falsa nos estimula y nos antoja una experiencia auténtica, lo que queremos es un helado aun sabiendo que lo que vemos es puré de papa. Pero ¿qué pasa cuando comenzamos a insertar esa misma parafernalia mercadotécnica en nuestras propias vidas y ofrecemos al mundo una versión de nuestro día a día tan artificial como el helado de los comerciales? ¿Qué pasa cuando diseñamos y elegimos experiencias pensando desde antes y preocupándonos más por los *likes* que obtendrán nuestras publicaciones y no por el enriquecimiento personal de la experiencia misma?

Con todo esto no quiero decir que todos viajamos con la intención de buscar escenarios increíbles para construir momentos retocados y filtrados que después podamos compartir en redes sociales, pero no podemos negar que el fenómeno de las redes ha transformado la manera en que viajamos y, sobre todo, las decisiones que tomamos al viajar. Un *spot* famoso en Instagram es ahora una mina de oro para sus dueños y una buena foto —aunque no sea real— puede inclinarnos a visitar un lugar más que otro. Corremos el riesgo de que viajar se convierta en una sesión de fotos donde el retoque y los *likes* sean más importantes que la experiencia retratada, y eso es la antítesis de las bondades de viajar.

Pura Lempuyang Luhur, conocido en inglés como Gates of Heaven (Las Puertas del Cielo), es un templo en Bali increíblemente popular entre los turistas gracias a Instagram. Compruébalo por ti mismo en este momento, escribe el *hashtag* #GatesOfHeaven en cualquier red social y más de 15 000 fotografías similares aparecerán a tu disposición. La verdad, es difícil negar que es un lugar impresionante, una gran foto digna de muchos «me gusta». La famosa instantánea ubica al visitante en medio de una puerta típica de los templos balineses, de unos 12 metros de altura, en un buen día puede verse el impresionante volcán Agung al fondo, la espectacular postal es duplicada por el reflejo perfecto de un aparente espejo de agua a los pies de la puerta. El sitio sin duda es espectacular en la fotografía, pero la fotografía es falsa.

Por supuesto que el lugar existe, las puertas y el volcán están ahí, pero no el espejo de agua que hace la foto aún más impresionante. La famosa y popular postal es, en realidad, el resultado de colocar un espejo debajo de tu teléfono o cámara para duplicar la imagen, un simple truco de una persona local que ha descubierto un jugoso negocio al cobrarles a los turistas el equivalente a unos dos dólares estadounidenses por hacerles la tan popular instantánea. Los visitantes pueden llegar a formarse hasta dos horas para conseguir la foto. ¡Dos horas solo para una foto! El templo es uno de los más visitados de Bali y los turistas suelen vestirse con sus mejores trapitos para el tan esperado retrato. Hay incluso pedidas de mano, saltos en pareja y no falta aquel que repite la fotografía 10 veces porque no le gusta el resultado. Esto no es malo, al final, en todo el mundo hay *spots* muy populares donde todos nos queremos tomar una fotografía. Lo que me gustaría reflexionar es la razón por la que hacemos esto. Pura Lempuyang Luhur es uno de los templos más venerados e importantes del país y, al parecer, la historia del lugar es algo que importa poco a la mayoría de quienes están dispuestos a formarse por más de 100 minutos para obtener una fotografía truqueada. Esto ejemplifica a la perfección el riesgo que corremos cuando lo que nos importa es conseguir una buena fotografía que provoque la envidia de otros y no necesariamente nuestro propio disfrute. Pero ¿qué es exactamente lo que envidian? ¿El lugar, el momento actuado, las dos horas de fila, o el espejo de agua que en realidad es falso? ¿Estamos vendiendo una experiencia que en realidad no existe?

Esperamos dos horas en el calor húmedo de Bali para tomarnos una foto, pagamos dos dólares al «fotógrafo» especialista en el efecto, posamos para la cámara, revisamos la foto y estamos satisfechos. A partir de ahora, la pantalla de nuestro teléfono nos demanda atención absoluta, no Bali, no el templo, no su historia ni los otros visitantes; nuestra energía es descargada en la pantalla de nuestro teléfono inteligente. Estamos en Bali, pero no estamos. Abrimos una aplicación para editar fotografías y elegimos entre las decenas de filtros alguno que potencie los colores del sitio. Podemos incluso modificar el cielo para que parezca que la foto fue tomada durante un espectacular atardecer que pinta el cielo con tonos naranjas, rosas y morados. Cuando lo que vemos nos agrada, abrimos Instagram y acompañamos la fotografía de una frase inspiradora y un par de *hashtags*. Presionamos compartir. En tan solo minutos los *likes* comienzan a brotar, provocándonos una enorme satisfacción. No sabemos qué nos da más placer: el resultado de la foto, el momento que retrata la foto o la foto misma.

Esto tiene una explicación científica, cuando alguien le da *like* a alguna de nuestras publicaciones o nos hace un comentario positivo, nuestro cerebro produce dopamina, la hormona del placer. Sentimos una enorme satisfacción y felicidad de ver que nuestra foto o publicación ha triunfado en las redes sociales. No nos lo inventamos, nuestro cerebro la produce y puede ser una recompensa bastante adictiva. Por eso buscaremos más, más y más. Es algo insaciable. Por eso somos capaces de formarnos durante dos horas para obtener *la foto*, por eso cuidamos la vestimenta, el momento, y podemos repetir el disparo mil veces. Queremos la imagen perfecta, no el momento perfecto, porque el placer que nos dará el resultado que obtenga esa foto en redes sociales será nuestra recompensa y no el momento mismo.

Debemos ser profundamente honestos, a todos nos encanta que nos den *likes* y nos comenten cosas lindas en nuestras fotos, es natural. Pero debemos ser cuidadosos cuando el placer que esto nos produce suple al placer mismo de viajar. La fotografía es sin duda un medio increíble para perpetuar nuestros momentos, para poder conservar instantáneas de una vida que fácilmente se diluye en nuestra poco confiable memoria, para voltear hacia atrás a través de una imagen en alta resolución que nos permite revisitar el pasado casi como si estuviéramos allí. Es precioso tener un álbum lleno de fotos hermosas de nuestros viajes, incluso es increíble tener un *feed* de Instagram que impresione, pero si esas fotos no nos remiten a una experiencia, a un momento o a una historia, entonces se vuelven imágenes vacías y carentes de sentido. Podemos tener una foto sorprendente en Las Puertas del Cielo pero, si el espejo de agua es en realidad un truco hecho con un cristal, y si hicimos dos horas de fila en donde no nos tomamos el tiempo para leer la historia del templo, en realidad estamos haciendo lo mismo que hacen los comerciales de televisión, estamos usando puré de papa como si fuera helado; estamos engañando a los demás y nos estamos engañando a nosotros mismos. Como turistas, la fotografía debería de ser una consecuencia de nuestras experiencias, no una razón.

Sé que hablar de fotografías y videos en redes sociales es pisar territorio complicado, sobre todo viniendo de mí, pero justo por eso me atrevo a tratar este tema: fotografiar y documentar mis viajes es mi trabajo. Cuando hago viajes por motivos personales solo llevo mi celular y cada vez tengo menos ganas de tomar fotos.

No quisiera que este punto se malentienda, por supuesto que todos queremos tomar cuantiosas e impresionantes fotografías de nuestros viajes, la dopamina que generan los *likes* puede crear una adicción en cualquiera de nosotros sin necesidad de ser un creador de contenido. Pero podemos entrar en el peligroso terreno de creer que, si no compartimos un hecho a través del internet, no vale la pena. Buscamos comida que luzca mejor de lo que sabe, buscamos sitios que se vean increíbles en la foto sin importarnos su historia. La foto se ha convertido en la experiencia misma y hemos dejado la experiencia en sí en segundo plano.

Esto es algo que nos afecta a todos y no hay que sentirse mal por ello, solo hay que hacerlo consciente para tratar de evitarlo en nuestros futuros viajes. Es parte de nuestra naturaleza hacer lo que los demás hacen sin cuestionarlo mucho y, con el enorme bombardeo de información que recibimos todos los días, es bastante complicado y desgastante nadar contra corriente.

La lista de deseos

Probablemente todos hemos hecho una lista de deseos o *bucket list* en la que apuntamos los lugares que queremos visitar antes de cierto tiempo. Son bastante útiles y suelen servir para motivarnos a alcanzar nuestras metas viajeras. Tenemos un propósito y se siente bien cumplirlo, ahora vamos por el siguiente. Las listas de deseos se ven alimentadas por revistas, libros, películas e internet que, plagado de estas listas con títulos como «30 lugares que visitar antes de cumplir 30», «21 lugares que ver antes de morir» o «Las 10 playas más bellas del mundo», intenta motivarnos a crear nuestras propias listas y metas viajeras. Estas clasificaciones funcionan increíblemente bien y debo decir que en Alan x el Mundo las usamos por la enorme cantidad de visitas que generan. Pero en realidad, no estoy tan de acuerdo con ellas.

Si bien estas listas nos pueden inspirar muchísimo para proponernos objetivos viajeros, también pueden generarnos una especie de vacío cuando no las cumplimos por completo. ¿Qué pasa si ya tengo 30 años y solo he visitado cinco lugares de los que, según ese elenco, debería visitar antes de subir al tercer piso? ¿Qué pasa si estoy lejos de conocer todos los lugares que están en mi lista de deseos? ¿Fracasé como viajero? ¿Fracasé en la vida?

Es aquí cuando retomo la frase de nuestro Highlander y el título de este capítulo: «Contar historias, no países». Es la experiencia lo que importa más, no el número, ni siquiera el lugar. Hace tiempo leí sobre Cassie de Pecol, la primera mujer en cumplir la meta de conocer todos los países del mundo reconocidos por la ONU, a la edad de 27 años. Impresionante, a esa edad yo no conocía ni una decena de países y esta chica ya contaba en su pasaporte con los sellos de entrada a todas las naciones que conforman nuestro bello planeta, antes de cumplir 30. Cargar con ese título vende muchísimo: posee dos récords Guinness, publicó un libro muy popular, ha impartido conferencias y charlas en distintos lugares del mundo; es emprendedora, activista y, además, tiene una app de *fitness* y ha terminado uno de los demandantes Ironman. Una persona admirable, una superheroína de nuestros tiempos, no solo por lo que ha logrado sino porque, al ser mujer y tan joven, es una gran inspiración para muchas otras viajeras que tienen miedo a salir a recorrer el mundo.

Sin embargo, algo acerca de esa noticia me perturbó, me surgieron muchas preguntas. Para poder cumplir tal propósito a tan corta edad, ¿cuánto tiempo permaneció en cada uno de los 194 países reconocidos por la ONU? Suponiendo que solo estuvo un par de días, ¿podemos entonces decir que los conoce? ¿O solamente los pisó? ¿Tener en tu pasaporte todos los sellos de entrada a los países del mundo te convierte en conocedor de este? No quiero en lo absoluto desdeñar el logro de Cassie, me parece admirable en muchísimos sentidos, sobre todo desde el punto de vista empresarial: lo ha hecho espectacular y el mensaje que envía es, en general, muy positivo, pero Cassie siempre tuvo claro que su objetivo era ese. Sin embargo, esta misma hazaña me hace cuestionarme sobre las metas que nos ponemos como viajeros y cómo lo que vemos en las redes puede tener varias lecturas.

Quiero insistir en que no tiene nada de malo tener como meta visitar todos los países del mundo, aun si solo pasas un par de horas en ellos; si eso te hace feliz, hazlo, ve por ello y dedica tu energía a cumplir esa meta. Lo que me gustaría reflexionar es cómo algunas veces la mente nos engaña pensando que si incluimos más países en un itinerario conoceremos más, como si los países fueran libros que por solo leer el prólogo pudiéramos decir que los hemos leído completos. Creo que debemos enfocarnos en las historias que generan nuestros viajes y no en el número de lugares que visitamos. ¿Quién conoce más el mundo, el turista que se monta en un recorrido organizado por Europa en el que visita ocho países en 20 días o el explorador que lleva un año recorriendo Rusia? Al final, el turista ha sumado ocho países a su lista y el explorador solo uno. Aunque es importante hacer énfasis en que ambos viajes son legítimos si su intención encaja con el objetivo, no debemos dejarnos llevar por el número pues, si los países fueran libros, valdría la pena leerlos completos.

Cuando digo que hay que contar historias y no países es una forma de decir que lo importante es disfrutar los viajes al máximo, dejando de lado si son 14, 30 o uno, restándole importancia a nuestra lista de deseos, de modo que el trayecto para cumplirla sea tan valioso e interesante como el objetivo. A veces, por la obsesión de llegar a un sitio, nos podemos perder la oportunidad de descubrir todo lo que hay de camino a él.

Ver menos, disfrutar más

Este es uno de los mayores aprendizajes que he tenido mientras viajo. Cuando descubrí el valor de mi tiempo, comencé a hacer más extensas mis estancias en los lugares que visito. Nunca será el periodo necesario ni mucho menos el que me gustaría, pero trato de que sea el justo. Por eso, rara vez visito más de dos países nuevos en un mismo viaje.

Trato de involucrarme con el sitio que visito y construir una visión a partir de distintos puntos de vista sobre él. Me gusta recorrer ciudades no tan vistas y prolongar mi estadía en las que son muy populares. Esto me ha permitido poder disfrutar más mi tiempo de viaje, sobre todo cuando llego a lugares que están llenos de visitantes y el lapso de espera en las filas o de recorrido es mucho más del que tenía contemplado. Sería una pena correr por todo el museo de Louvre solo para estar frente a la obra que queríamos ver. Terminaríamos dejando de lado la sorpresa y el descubrimiento.

Ahora saturo menos mis días de visita. Por supuesto que hay una razón laboral y es que teniendo la responsabilidad de documentar todo en video para mi blog necesito más tiempo que un visitante regular en los sitios. Sin embargo, decido extender mi visita en un lugar porque necesito ese tiempo para mí, para contemplar.

Cuando comencé a viajar quería ver todo, no importaba si era de pasada. Era como una especie de lista que debía tachar. Ya estuve aquí, aquí también y acá. Este lo vi de pasada, pero cuenta. Y esto de acá me faltó, mañana por la mañana corro a verlo de pasada. Me di cuenta de que veía mucho, pero disfrutaba menos. Recuerdo bien aquel día en la estación de trenes de Montparnasse en París en que el tren que debía tomar hacia la ciudad de Tours se retrasó varias horas porque una persona se había arrojado a las vías. No había nada que hacer, así que vi el mapa y me di cuenta de que a una cuadra se encontraba el cementerio de Montparnasse, donde descansan los restos de un personaje muy importante en la historia de mi país: Porfirio Díaz.

Porfirio Díaz fue un dictador mexicano que aún hoy levanta opiniones encontradas, un amante de la cultura francesa al que le debemos muchos de los monumentos más hermosos de nuestro país, inspirados en la Ciudad de la Luz. Díaz murió en el exilio y está enterrado en un cementerio de París, así que decidí hacerle una visita a la tumba en mi tiempo «de sobra».

Para un viajero acelerado como era yo, tener tiempo de sobra era desesperante, pues en mis planes yo ya debía estar en otra ciudad recorriendo sus atracciones. Pero el destino tenía otros planes. Me acerqué al cementerio y busqué en el mapa la tumba del famoso dictador. No fue difícil encontrarla.

No sé qué esperaba encontrarme, quizá un esplendoroso y enorme mausoleo parecido a alguno de los edificios que dejó como legado en nuestro país, como el Palacio de Bellas Artes o el Teatro Juárez. Comparada con estos, la tumba es bastante sencilla, construida en piedra color gris, con un techo a dos aguas coronado por una cruz. Sobre la puerta neogótica tiene el símbolo patrio de México: un águila parada sobre un nopal devorando una serpiente. El nombre grabado en el arco:

Porfirio Díaz. En el interior hay algunas flores de plástico y unas imágenes de la Virgen de Guadalupe.

Me quedé contemplando el sitio, pensando en la vida de este señor. Para muchos, un dictador que solo hizo más ricos a los ricos y más pobres a los pobres. Para otros, fue el padre del progreso y el modernismo en México.

Esos momentos de silencio obligado echaron a andar mi imaginación y, sin quererlo, estaba inmerso en un viaje virtual dentro de mi cabeza. Al final, los pensamientos que cruzaban por mi mente ya nada tenían que ver ni con don Porfirio, ni con el cementerio, ni siquiera con París. Tenían que ver conmigo y, sin saberlo, acababan de desenredar varios nudos mentales.

Esta clase de momentos son mis favoritos durante los viajes y ocurren solo cuando me doy la oportunidad de estar, de respirar los sitios. Llegan sin querer y a veces sin avisar.

No critico a quienes visitan 14 países en dos semanas, pero yo prefiero viajar más lento. Ver menos para disfrutar más, ese es uno de mis imperativos viajeros. Es cuestión de darnos el tiempo. No hay que tratar de ver todo, hay que tratar de disfrutar lo que vemos.

La actitud importa más que el lugar

Otra de las consultas más comunes en mis redes sociales es que les recomiende un lugar en específico, ya sea para una luna de miel o para un momento especial. En esos momentos me siento como si estuviera dando terapia psicológica. Como si yo pudiera decir qué hacer respecto a un problema o situación ajena. A mí no me gusta dar recomendaciones específicas de lugares porque no todos los destinos son para todas las personas. Por esto, creo que la actitud es más importante que el destino. Desde el inicio del viaje hay que mantener una buena actitud, pero antes debemos aceptar una ley absoluta de los viajes y de la vida en general:

Las cosas pueden salir mal.

El avión se puede retrasar, el equipaje puede perderse, la reservación haberse traspapelado, el clima puede ser distinto al esperado, existe la posibilidad de que algo se cancele, te puedes enfermar. Hay un montón de factores en los viajes que potencialmente pueden estropear las cosas. Es decir, siempre habrá una mala experiencia en potencia, pero incluso en estos casos la actitud adecuada puede convertirlo todo en una experiencia positiva. Si tenemos una buena actitud, las cosas negativas podrían volverse positivas, y las cosas positivas, inolvidables.

Ahora sí, cómo tener una buena actitud:

1. *No esperes nada.* Deja en casa prejuicios, preconcepciones y lugares comunes. Las preconcepciones están ligadas intrínsecamente a las expectativas. El que no espera, no se desilusiona. Esto no quiere decir que todo lo que has visto y leído sobre Venecia o París no influya en tu percepción al momento de llegar, pero mientras más en blanco estés, más grande será tu oportunidad de escribir tu propia experiencia en ese lugar.
2. *Ponte de buenas.* Hay muchos factores que no aparecen en los comerciales de televisión respecto a los destinos. No sabemos si tanto caminar o el calor nos va a agotar y no vamos a tener energía para el siguiente día. Tampoco sabemos si no vamos a encontrar algo de comer y eso nos va a poner de mal humor. Pero toda eventualidad es más fácil de sobrellevar con buena actitud.

3. *Sé empático*. No solo con quien te acompaña, sino con la gente que está en el mismo lugar que tú, ya sean visitantes o lugareños. Esto pasa en sitios muy populares donde en temporada alta hay mucha gente: desarrollamos una aversión al turista, pero ¡nosotros también somos turistas! y aun así nos quejamos de la cantidad de visitantes. No olvides que el resto de la gente va por la misma razón que tú, quiere disfrutar del lugar que está visitando.

En una ocasión visité Versalles y cuando llegué al famoso salón de los espejos estaba atestado. Yo imaginaba poder tomar fotografías con el salón vacío, como en los comerciales de perfumes o en las películas. Pero no, estaba llenísimo. Traté de abordar la situación con la actitud correcta y lo que hice fue apreciar los frescos del techo. Entonces me di cuenta del arte, el detalle, el trabajo y la cantidad de oro y horas humanas que tomó hacer los espectaculares detalles de aquel conocido lugar. Probablemente no me hubiera enfocado en ello si mi actitud hubiera sido la de eliminar esa multitud de mi vista.

Conforme fui viajando, entendí que las situaciones no van a cambiar y que lo que debía cambiar era mi actitud. En particular esto es cierto con las aglomeraciones y sus consecuencias desagradables.

Algo que me pasaba mucho cuando empecé a viajar era que las cosas que me inspiraban eran películas. Y en las películas, por lo general, tienen el set y los lugares para ellos. Los lugares turísticos no son como las películas. Cuando visité Londres por primera vez en mi vida y llegué al Palacio de Buckingham vi la enorme cantidad de gente y me di cuenta de que no era como en las historias de ficción que veía en la pantalla grande. Al principio lo tomé con una muy mala actitud, con enojo. Como si el mundo me perteneciera nada más a mí, como si yo tuviera el derecho de desechar a toda esa gente para disfrutar el lugar a mis anchas. Algo por completo egoísta, por supuesto.

Cada vez más y más gente viaja. Cuando visité Tailandia por primera vez fui al palacio imperial y había muchísima gente. Luego tuve la oportunidad de regresar 12 años después y había mucha más. El turismo seguirá aumentando, por lo tanto, el viajero actual tendrá que lidiar con las multitudes.

No podemos cambiar la situación, pero sí podemos cambiar nuestra actitud. Un día lluvioso o una tormenta puede convertirse en una jornada de disfrute en el hotel o un merecido día de descanso después de muchos días de caminar por las ciudades. Un vuelo cancelado se puede transformar en la oportunidad para recorrer la ciudad en la que solo pensabas hacer escala por unas horas. Las eventualidades pueden volverse oportunidades para que la experiencia de viaje se potencie. Pero eso solo se logra con la actitud correcta.

Lo mismo pasa con los lugares que nos decepcionan. Hay gente que me escribe para decirme que Venecia la decepcionó porque los canales olían mal, había muchísima gente o era carísima. O que París les pareció poca cosa porque está sucia. Para ello hay una frase que me encanta: «La belleza está en los ojos de quien la mira». Pues bien, belleza es solo otra forma de llamar a la actitud al viajar.

La belleza de Venecia o París es innegable. Pero si no vamos con la actitud correcta lo vamos a sufrir, porque son lugares muy, muy populares y eso implica dificultades para acceder a todo tipo de atracciones y servicios, desde los precios para las reservaciones hasta la fila para los baños. Entonces hay que recorrer las ciudades, poblaciones o caminos que estamos visitando con la mejor actitud. Por último, una cosa más para lograr esa buena actitud.

4. *Resuelve solo lo que está en tus manos.* No puedes cambiar el clima o el tiempo, pero sí puedes cambiar tu itinerario. No puedes mandar a abrir un museo que está cerrado y que soñabas visitar, pero sí puedes visitar otro lugar que no estaba en tus planes y que probablemente te sorprenda. La actitud correcta al viajar es saber darles la vuelta a las cosas y aprender a enfrentar las eventualidades, que suceden en todos los viajes. Pero —lo digo por experiencia propia—, cuando las cosas salen mal, muchas veces se convierten en las mejores anécdotas. Tengo muchos ejemplos de esto, pero recuerdo con claridad uno en particular.

Cuando visité Lhasa, en el Tíbet, uno de mis sueños y objetivos era visitar el palacio de Potala, la antigua residencia del dalái lama. Había escuchado hablar maravillas de ese palacio enorme y lleno de misticismo, que además está rodeado de toda la historia sobre el exilio del dalái lama, la ocupación china y otros episodios que lo hacían enigmático y en extremo atractivo. Cuando llegué, el chico del hotel me dijo que los boletos eran escasos, solo dejaban entrar a 1 500 personas por día y tenían prioridad quienes iban en un recorrido organizado. En suma, no solían quedar boletos después de los interminables grupos de recorridos organizados. Pero el chico me dijo que tal vez podía ayudarme, porque había una forma de hacer una fila en el palacio muy temprano por la mañana y comprar los boletos que restaban para la visita del día siguiente. Él se ofreció a hacerlo por mí y fue al palacio al día siguiente a formarse, pero no tuvo suerte. Entonces me dijo que la única esperanza era que, al día siguiente, me levantara a las cuatro de la mañana para estar formado en la fila cuando abrieran la taquilla, alrededor de las nueve. O sea, tendría que estar cinco horas esperando en una larga línea de personas que tenían las mismas intenciones que yo. A nadie le gusta hacer filas eternas, pero no tenía opción, era eso o no conocer el palacio de Potala, la edificación histórica más importante en el Tíbet.

No puedo decir que del mejor humor, pero me levanté a las cuatro de la mañana gracias al molesto ruido de un pequeño reloj despertador que solía llevar conmigo; en esa época no existían los teléfonos inteligentes, así que era innecesario cargar mi celular en los viajes. El clima no ayudaba, una ligera pero incesante lluvia envolvía la mañana; saqué mi poncho amarillo con Mickey Mouse en la espalda y me dirigí hacia el palacio de Potala. Hacía frío; incluso en verano el Tíbet puede presentar temperaturas que hacen tiritar a quienes no están acostumbrados. Cuando llegué a formarme, la fila ya era considerable; me acomodé detrás de un grupo de surcoreanos que trataban de calmar el frío con una bebida caliente que no tengo idea de dónde sacaron a esas horas. Durante la espera, terminamos haciéndonos amigos. Mi inglés era bastante básico, pero nos entendíamos. Me enseñaron algunas palabras en coreano y yo les enseñé otras en español. Todo fluía bastante bien y la conversación nos ayudó a aminorar la larga espera, llevábamos varias horas hablando y habíamos conversado de todo pero jamás tuvimos la cortesía de presentarnos. No pasa nada, más vale tarde que nunca. El problema era que sus nombres me parecían muy extraños, complicadísimos de pronunciar. Era imposible. Parece que los coreanos aman tener nombres que solo pueden ser correctamente dichos por sus paisanos —claro, no pensé en lo complicado que sería para ellos pronunciar un nombre náhuatl—. Así que tuve una idea, encontraríamos algún actor o celebridad internacional cuyo nombre adoptaríamos. De manera que acabé siendo amigo de Angelina Jolie, Robbie Williams y Jane, de Tarzán. Yo, por supuesto, era Tom Cruise.

A las nueve de la mañana abrió la taquilla, conseguimos boletos para entrar al palacio, lo cual me dio muchísima emoción, y a partir de ese momento empezamos a viajar más o menos juntos. Íbamos a comer o a cenar y viajamos a un lago que queda a unas cinco horas de Lhasa.

Hicimos una muy bonita y peculiar amistad que resultó una de las partes más agradables de mi viaje por el Tíbet. Incluso gracias a esa amistad pude conocer a más personas durante mi visita a Seúl. Pero esa amistad no habría nacido si yo no me hubiera levantado a las cuatro de la mañana para comprar ese boleto en el palacio de Potala. Lo que al principio salió mal, al final salió increíble.

La gente más que los museos

Esa es una frase que escuché de un viajero. Él me decía que no le gustaban los museos y que prefería platicar con la gente. Yo soy un gran fanático de los museos, hay algunos espectaculares y otros más sencillos, pero todos tienen un objetivo bastante noble, que es preservar la historia de la humanidad. Pero él me mostró un punto que al principio de mis viajes no veía: que a veces, por analizar el pasado, no notamos el presente.

Si llegamos a Roma, quizá nos apasiona la carga histórica de la ciudad y cómo el legado de los antiguos romanos sigue latiendo hoy en día en el comportamiento cotidiano de sus calles. Nos fascina ver el Coliseo, el Foro Romano, poder excavar tantito y encontrar ruinas antiquísimas, pero enfocándonos en el pasado podemos perdernos la Roma del presente. Y la mejor forma de conocer el presente de los lugares es a través de su gente.

Una charla es prácticamente insuperable cuando de conocer a alguien se trata, aunque en ocasiones nos incomode la idea de hablar con extraños, más en un idioma que no es el materno. Pero iniciar una conversación interesante o conocer a las personas es mucho más sencillo de lo que parece. Con esto me refiero a la gente local, a la que encuentras en tu día a día como viajero, ya sea que esté relacionada con la industria turística o no. Tener la oportunidad de preguntar y resolver tus dudas con alguien que vive en esa ciudad podría ser mucho más enriquecedor que una visita al museo local. Aunque eso no minimiza de ninguna manera la enorme importancia que tienen los museos. Para mí la combinación perfecta es tener gente y museos.

Por otro lado, están otros visitantes, gente que quiere conocer el lugar en el que estás y es probable que tenga el mismo chip viajero que tú. Ellos te pueden compartir recomendaciones, consejos o su individualísima perspectiva del mismo lugar que tú estás viviendo. Y esto alimenta enormemente tu experiencia de viaje. Es el punto de vista de una persona que está recorriendo el mismo lugar que tú pero con otros ojos, otra mente.

La convivencia entre viajeros se da de manera particular en los hostales, lugares ideales para intercambiar puntos de vista y consejos. Como advertía antes, a veces se alza la barrera del idioma, no poder tener una conversación más detallada e interesante porque no entiendes a tu interlocutor. Para eso, el inglés es el idioma del viajero. Entre mejor inglés hables, mejor te podrás desenvolver, es así de simple. En cualquier país del mundo, después del idioma oficial, casi siempre el inglés es el segundo idioma más hablado; si no te puedes comunicar en mandarín, probablemente el inglés te salvará. Por supuesto, nunca está de más aprender aunque sea lo básico de otros idiomas.

También hay muchísimas personas de habla hispana viajando por el mundo. Ellas se vuelven parte de la experiencia de muchos viajes porque, aunque hablemos el mismo idioma, nuestra idiosincrasia es distinta. Cada cabeza es un mundo recorriendo el mundo.

Sin embargo, si bien es muy útil, el idioma nunca es una condicionante para abrirte paso al viajar. Siempre existe el lenguaje corporal, por ejemplo. Para iniciar una conversación, una sonrisa siempre es un buen inicio. Tus gestos y manos pueden hacer mucho del resto.

También hay muchas oportunidades de romper el hielo, como pedirle una foto a alguien o involucrarse en alguna de las actividades que organiza el hostal. Me ha tocado quedarme en hostales que organizan pícnics, visitas para ver el atardecer o noches de bar. La vida nocturna propicia enormemente las relaciones sociales y un buen vino siempre ayuda a desinhibir.

Karolo, el Divino

Mi amiga Lula y yo caminábamos un día de verano por el Getxo, un municipio al norte del País Vasco, en España. Era entre semana y la pequeña población palpitaba a ritmo lento, adormilado, como si el lugar tuviera la personalidad y vitalidad de un anciano. Recorríamos sus calles a orillas del río Bilbao mientras se acercaba la puesta de sol.

Llegamos al viejo puerto de Algorta, uno de los barrios más bonitos del Getxo, cuyas casas típicas pintadas de blanco con los marcos de las puertas en color verde y techos de teja roja componían una escenografía perfecta para nuestra conversación. Una de esas casas tenía la puerta abierta de par en par, con todas las luces del interior encendidas, como si se tratara de una invitación a recorrer sus interiores. Me paré en el marco de la entrada y observé el hogar: paredes blancas, muebles sencillos y un montón de objetos de esos que toma una vida entera acumular; la pared tapizada de fotografías en blanco y negro de antiguas celebridades que mi juventud y poco conocimiento no me permitían reconocer. Llamé a Lula y la invité a observar mi descubrimiento, la casa podía carecer de lujos, pero nunca de personalidad. Quise hacer una foto, pero no había nadie a quien solicitarle permiso.

—Esa es mi casa —dijo una voz que se acercaba desde lejos.

El hombre mayor caminó hacia nosotros de forma lenta pero decidida, parecía el pueblo encarnado.

Se presentó como Karolo, pero prefería ser llamado el Divino. Habló un buen rato de sí mismo como una figura importante, no solo en la zona, sino en todo Europa. Algunas de las imágenes en la pared representaban las glorias de un tiempo pasado al que Karolo no estaba dispuesto a renunciar. Nos habló de sus múltiples talentos y éxitos con la dulce arrogancia que da la edad. Presumió tener el don de la pintura, el canto y la interpretación; habló de sus triunfos en múltiples escenarios, películas y presentaciones alrededor del viejo continente. Nos dijo que posó para Dalí y actuó en una película de John Wayne. Pero el verdadero don con el que había nacido era su belleza.

Estaba enamorado de Greta Garbo, una actriz de origen sueco de las décadas de los veinte y treinta del siglo pasado, a quien algunos llamaban la Divina. No supe bien si gracias a esa admiración es que Karolo adoptó también el apodo del Divino, como decisión personal o solo la gente fue llamándolo de esa forma.

> Muchas mujeres y hombres se enamoraron de mí, era yo bellísimo. Yo tengo el don de la pintura, el don del cine, el don de tener el rostro divino. He tenido muchas cosas a mi favor para defender mis ideas de rebeldía. Yo fui el primer

chico que se rebeló contra la sociedad, contra el mundo entero en busca de mi libertad. En 1959 canté en Suecia con el pelo largo. Asusté al mundo haciéndole creer que yo era Cristo reencarnado y había vuelto a la Tierra. Toda Barcelona comenzó a llamarme el Cristo de Las Ramblas.

La plática con Karolo fue fascinante. Habló de sus decisiones de vida, de cómo nunca quiso comercializar su voz ni su carrera, de su aversión al dinero y a la ambición material. Ni Lula ni yo habíamos escuchado hablar antes de este personaje y para ser honestos no sabíamos exactamente qué partes de su extenso relato hacían honor a la verdad, pero eso no importaba, nos estaba regalando un momento inolvidable. Karolo tenía 78 años en ese entonces.

Hace unos meses recurrí a Google para saber qué había sido de Karolo, el Divino. No fueron buenas noticias. El Divino se despidió del mundo el 21 de noviembre del 2016, a los 86 años de edad. Su nombre real era Eduardo Larrea Aguirre. Encontré en internet bastante información respecto de su persona, incluso un pequeño y hermoso documental en su honor que ha sido premiado en distintos festivales. Al parecer Lula y yo fuimos solo unos de tantos visitantes a los que Karolo les regaló unos minutos de su tiempo, su filosofía, su sabiduría y su locura.

—La vida, realizarla haciendo lo que os gusta. Será más fácil llevarla.

Esas fueron las palabras con las que Karolo se despidió de Lula y de mí, ese fue su regalo, su regalo divino.

LECCIÓN 4

AQUÍ Y AHORA

La voz de la sobrecargo se escucha por las bocinas del avión: «Estimados pasajeros, hemos iniciado nuestro descenso hacia el aeropuerto internacional de San Francisco, estaremos aterrizando en aproximadamente 25 minutos».

Siempre he sido ansioso, pero en mis primeros viajes este defecto (o virtud, dependiendo de cómo se mire) era exacerbado. Todavía no aterrizamos y yo ya estoy contando los minutos. Tengo ya un plan para optimizar el tiempo en migración y aduana y transportarme a mi hotel de la forma más rápida y económica posible. Parece una carrera contra reloj, estoy de viaje y no hay tiempo que perder.

Me bajo del avión, camino a ritmo de marchista olímpico y llego a la fila de migración solo para toparme con una serpiente de personas que esperan turno para registrar su entrada a Estados Unidos. Decepción, el tiempo estimado de espera es de unos 90 minutos, ¡NOVENTA! ¿Sabes lo que puedo hacer en esos 90 minutos? Puedo sentarme a tomar un café o disfrutar de un delicioso helado en The Ferry Building, puedo caminar por los muelles o bobear en alguna tienda del Barrio Chino, puedo prepararme un delicioso postre de miles de calorías en Ghirardelli, visitar el museo de la familia de Walt Disney o disfrutar de los lobos marinos en el Pier 39. Podría hacer cientos de cosas con ese valioso tiempo, pero no, debo invertirlo en esperar en una aburrida fila para que mi pasaporte sea sellado y mi entrada en el país quede registrada. Cosas de los viajes.

Quiero estar en todos lados menos allí. Comienzo a mover las piernas para sacudir la ansiedad, como si ese extraño baile ayudara a que la sangre de mi cuerpo circule más rápido, llevándose lo que sea que esté causando el incómodo malestar. Espero, espero y sigo esperando. Desespero, desespero y ya casi llega mi turno. Siento que mi tiempo es lanzado a un bote de basura, lo entrego sin opción para que se malgaste en una larga fila. No tengo alternativa, mi tiempo es suyo.

Después de un par de preguntas de protocolo, mi pasaporte recibe un tatuaje más y me dirijo a recoger mi maleta que, como suele suceder en las esperas de migración, puede tardar una eternidad. Para mi sorpresa, he esperado tanto, que la maleta ya está a un lado de la banda transportadora, amontonada con el resto de equipaje del vuelo.

Decido que no hay tiempo que perder y tomo un taxi a mi hotel. El autobús, aunque mucho más barato, implicaría unos 40 minutos más y ya he malgastado suficiente tiempo por el día. No importa que el taxi me cueste cinco veces más, me repito que mi tiempo es más valioso y trato de no sudar demasiado cada vez que los dígitos del taxímetro aumentan como si fuera un reloj descompuesto. Al parecer, este día aprendo lo valiosos que son el tiempo y el dinero.

Llego a mi hotel y la señorita de la recepción parece no notar mi cara de desesperación por subir al cuarto, aventar mis cosas, lavarme la cara y salir a explorar. Así que decide darme una atenta, aunque aletargada, explicación de los servicios del hotel y sus alrededores (entre los cuales, debo aceptar, está una espectacular panadería). El tiempo parece estirarse como una liga y mi paciencia comienza a agotarse como mi dinero en aquel taxi. Me entrega las llaves, subo rápido a la habitación 512 y pongo la maleta sobre la cama; si desempacar fuera un deporte olímpico, esa tarde el oro habría sido indiscutiblemente para mí. Hago una parada técnica en el baño y bajo a toda prisa al *lobby* del hotel, doy un paso a la calle. Bienvenido, el viaje ha iniciado oficialmente.

Desde ese momento el tiempo tiene otra dimensión, el estrés se va, las pupilas se dilatan y los ruidos de la ciudad son como música para mis oídos. Los colores de los edificios, las texturas de las paredes, los semáforos, las gaviotas, los autos, el viento, las calles empinadas, los cafés, el Cable Car y la sensación del asfalto caliente bajo mis pies parecen sentirse de forma más intensa. Estoy aquí y ahora. Es mi tiempo y yo lo uso como quiera.

En esa ocasión estuve cinco días en San Francisco, días intensos atiborrados de actividades desde tempranas horas de la mañana hasta bien entrada la noche. La planificación de mis jornadas estaba hecha con sumo cuidado, considerando los horarios de acceso a las principales atracciones para optimizar lo mejor posible mi tiempo. Recorrí minuciosamente el Barrio Chino y descubrí cómo se hacen las famosas galletas de la suerte; me subí al Cable Car; recorrí los muelles, los museos; renté una bicicleta para atravesar uno de los puentes más famosos del mundo, el Golden Gate; comí en Sausalito; tomé un ferry para visitar Alcatraz, la famosa isla-prisión; fui al teatro; comí deliciosos helados, sopa de almeja y llené cada uno de los minutos de mi día de experiencias, de viaje, de vida.

Al regresar a México completamente agotado, el tiempo tomó de nuevo otra velocidad. Me senté frente a mi computadora para revisar el material que había grabado durante el viaje y me puse a reflexionar sobre las actividades que había realizado. Había hecho demasiadas cosas todos los días. Lo cual no tiene nada de malo, simplemente me encontré sorprendido de poder hacer tantas cosas en un día manteniendo un nivel de energía excepcional. Desde esa ocasión, cada vez que vuelvo de un viaje me sorprendo por la inyección de energía que parece imposible adoptar en un día normal en la cotidianidad. Sería agotador vivir de esa forma, pero en los viajes no encuentro momento para ninguna queja.

En mis primeros viajes, la intensidad de mis recorridos era digna de un maratonista: decenas de kilómetros diarios gastando la suela de mis zapatos. Días completamente llenos de actividades casi cronometradas para poder ver lo más posible de un sitio y horas y horas de caminatas. El despertador sonaba a las siete de la mañana, desayunaba a toda velocidad y salía a explorar. Volvía al hotel hasta ya entrada la noche solo para descansar y prepararme para repetir ese ritual al día siguiente.

Poco a poco comencé a hacer conciencia de qué era aquello que me sucedía cuando viajaba. Descubrí que durante los viajes no solo tenía más energía, también estaba más alerta, más presente, más consciente de mi entorno, de mí, del tiempo, del espacio, de mi ubicación geográfica; estaba más despierto, estaba completamente en el aquí y el ahora.

El presente

Sin darme cuenta, la emoción de visitar un sitio nuevo hacía que mi conciencia estuviera más despierta. Al viajar solo y hacerme cargo de absolutamente todo no había tiempo para la distracción y en todo momento debía estar con los sentidos a flor de piel para percibir cada detalle de mi travesía, para no perder un tren, pero tampoco un atardecer. Sin darme cuenta, estaba presente, consciente de lo único que en verdad tenemos: el momento.

Me tomó algunos años darme cuenta de esto. Al principio la sensación no necesariamente era placentera, a veces era tanta la ansiedad y las ganas de aprovechar cada minuto que cualquier tiempo muerto, como esperar en la fila de migración, era una verdadera tortura. Pero cuando me di cuenta de que lo que estaba pasando era en realidad un regalo, una oportunidad para un gran aprendizaje, mi visión sobre los viajes y de la vida misma cambió por completo.

Estar plenamente consciente en el momento presente es para muchos maestros espirituales la fórmula más sencilla para la felicidad, lo que ahora conocemos como *mindfulness* o, en algunos casos, «iluminación». Yo no pretendo bajo ningún concepto ser un maestro espiritual, pero sí puedo, a través de mi experiencia viajera, compartir el efecto que ha tenido el ser consciente del presente como lo único que existe.

El pasado es un recuerdo y el futuro es siempre incierto, el presente es lo único que en verdad podemos experimentar, está en nuestro poder y es donde realmente podemos hacer un cambio. A muchas personas les sucede lo que a mí, los viajes nos ponen en un estado de atención plena que muchas veces ni siquiera cuestionamos. Al estar en un sitio, que no es nuestro hogar y que visitaremos por tiempo limitado, somos más conscientes del tiempo y el espacio y tratamos de aprovecharlo al máximo, absorbemos más información, estamos más sensibles, más alertas. Estamos presentes porque queremos disfrutar lo más posible del momento, del instante y, en consecuencia, del viaje completo.

Esta sensación de plenitud llega a veces como un despertar sensorial extraño e incluso ajeno para muchas personas. Como aquel viaje a San Francisco, de repente te sientes con más energía y más resistencia sin saber a ciencia cierta por qué. Al salir de la zona de confort notamos con mayor claridad detalles que en nuestro día a día solemos dar por sentado, como la forma de los semáforos, el color de los taxis, los olores que flotan por el lugar, hasta la publicidad en la calle o el cambio de clima. Sin buscarlo, al viajar nos volvemos una esponja sedienta de información con una ráfaga de euforia.

Cuando comencé a viajar, mi deseo por grabar mis viajes estaba más relacionado con perpetuar mi recuerdo que con compartirlo con los demás. Aun estando en el aquí y ahora, sabía que sería imposible recordar todo lo que estaba viviendo y por eso decidí comenzar a documentarlo en video, para conservar esas memorias en algo más confiable que mi cerebro, un disco duro. Sin embargo, es una realidad que cuando viajamos la recolección de recuerdos suele ser más eficiente que en un día normal de nuestras vidas, incluso sin cámaras. Casi todos recordamos nuestros viajes de manera bastante fiel, o al menos los momentos más significativos, pero seamos honestos: hay días de nuestra vida cotidiana que no recordamos en lo absoluto qué hicimos, dónde comimos o con quién platicamos y lo peor es que ese día pudo haber sido antier.

Si los viajes nos dan ese enorme regalo de ponernos en un estado de conciencia sobre el aquí y el ahora, ¿cómo podemos hacer para repetir esa sensación en nuestro día a día? Ese es el reto, pues si bien el concepto del aquí y ahora es muy sencillo de entender, es mucho más complicado de aplicar.

Estar aquí y ahora no es más que ser consciente del presente, sin pensar en el pasado ni en el futuro, hacer plena conciencia del momento en el que estamos. Abrir nuestros sentidos al instante y disfrutarlo por lo que es. De esa forma aprendemos a disfrutar plenamente una ducha, una canción, el viento, un amanecer o una plática, y evitamos el estrés de nuestras preocupaciones que, como su nombre lo dice, son previas a ocuparnos, ideas sobre el futuro que nos alejan del momento que vivimos.

No quisiera, bajo ninguna circunstancia, que estas líneas sean una guía sobre cómo disfrutar del aquí y el ahora, ni mucho menos una guía espiritual para una nueva conciencia. Nada de lo que escribo es un tema nuevo, simplemente son conceptos que he entendido y comprendido con mayor profundidad a partir de los viajes.

En el mundo ideal, deberíamos estar conscientes del momento que vivimos, cosas cotidianas como disfrutar el agua que corre por nuestro cuerpo cuando nos damos un baño, una caminata al trabajo con la música que nos gusta, el sabor del café por las mañanas, un atardecer desde el parque, es ahí donde los viajes nos pueden ayudar a trasladar esa sensación de atención plena a nuestra vida diaria. El cuerpo tiene memoria y si ya has logrado experimentar esa sensación de estar 100% presente durante un viaje, sabrás cómo recrearlo en tu día a día.

El enemigo del presente

Quizá el mayor obstáculo para *estar* en el presente sea aquello que nos permite capturarlo: la tecnología. Es impresionante cómo ha avanzado la forma en la que nos comunicamos y buscamos información en las últimas dos décadas y la facilidad con la que ahora podemos registrar un momento de nuestro día y compartirlo con miles de personas. Recuerdo que durante mis primeros viajes dejaba el teléfono celular en casa, pues era inútil cargarlo en un viaje: las llamadas de larga distancia eran carísimas y si necesitaba hablar a casa desde cualquier ciudad o pueblo del globo terráqueo acudía a un teléfono público. Esto, por supuesto, ayudaba muchísimo a estar en el aquí y el ahora sin ningún tipo de distracción virtual.

Hoy en día el reto es muchísimo mayor. Tan solo hay que intentar salir a caminar una tarde cerca de casa, sin nuestro celular. Apuesto a que genera una ansiedad mucho mayor que la de aprovechar cada instante de un viaje a cualquier lugar del mundo. Los teléfonos inteligentes, si bien nos permiten hacer mucho más eficiente el viaje con mapas interactivos, rutas en tiempo real, información sobre los sitios y la oportunidad de compartir con nuestros seres queridos nuestro viaje incluso en una transmisión en vivo, es esta misma conectividad la que juega como un lastre a la hora de hacer consciente el aquí y el ahora. En años recientes veo cómo cada vez más turistas están mirando sus teléfonos mientras recorren un sitio de valor histórico inigualable, y me incluyo. Hoy se puede viajar sin dejar el hogar. Las conversaciones de WhatsApp nos mantienen atados al sitio de donde vinimos y en muchas ocasiones ni nos enteramos de dónde estamos parados. La tecnología de la inmediatez nos ha robado la oportunidad de experimentar el presente. Pero esto sucede única y exclusivamente porque nosotros se lo permitimos.

Te hago una pregunta: ¿cuándo fue la última vez que viste una película en tu casa de principio a fin sin ponerle pausa y sin revisar tu teléfono? Este es un buen ejemplo de cómo la tecnología nos está robando la oportunidad de vivir el presente. De cierta manera, nos estamos haciendo esclavos de nuestros teléfonos y separarnos de ellos nos provoca una ansiedad insoportable. La vida sin un teléfono inteligente parece algo de la prehistoria.

Por supuesto que, a la vez que nos condena, la tecnología intenta reparar el daño. Cada vez hay más aplicaciones para controlar nuestro tiempo en pantalla o incluso programas de desintoxicación digital, pues la adicción que provoca un *smartphone* es tan real como cualquier otra. Pero, al menos en mi caso, no he encontrado mejor antídoto que un viaje. Sin importar si implican varios vuelos o solo tomar una mochila y salir de casa, los viajes pueden ser un excelente recordatorio de lo que tenemos, de lo que vivimos todos los días y experimentamos más allá de las interacciones virtuales que estos aparatos han traído a nuestra vida.

Pensar en la cantidad de momentos que nos hemos perdido por estar metidos en una pantalla me da escalofríos, y hablo en primera persona. Yo soy ese al que le cuesta mucho, muchísimo trabajo no revisar su teléfono a cada rato. Pareciera que vivimos dos vidas al mismo tiempo, la real y la virtual. De hecho, hay quienes disfrutan más la vida virtual, incluso mientras viajan.

Con los avances tecnológicos, que han traído muchos beneficios, también han llegado situaciones controversiales para los viajeros y los destinos turísticos. Las redes sociales han puesto a lugares remotos, desconocidos y secretos en el ojo público, despertando así la curiosidad y el hambre de *likes* de muchos turistas. La fotografía, que siempre ha sido una aliada del turismo, es ahora no solo una motivación sino, en muchas ocasiones, la razón misma de un viaje. Hoy todos tenemos a la mano al menos una cámara que nos da la oportunidad de inmortalizar el momento. Podemos ser testigos de un fenómeno que hace 10 años habría sonado como una locura, filas de turistas que esperan pacientes su turno para tomarse una foto en un conocido y promocionado *Instagram Spot*.

Sin embargo, la motivación y el origen de todas esas fotos es retratar el momento, encapsular un instante de felicidad en una imagen que después decidimos compartir. Queremos perpetuar el aquí y el ahora, intentar congelarlo en el tiempo. La fotografía y el video son (o deben ser) un extracto de nuestro presente que tomamos en un intento por alargarlo, extenderlo y, en el futuro, revivirlo. Al mismo tiempo, las redes sociales nos han dado la oportunidad de compartirlo con el mundo en el instante en el que sucede. Un acto maravilloso que nos permite incluso hacer una transmisión en vivo y «estar» en ese instante con gente que amamos y que se encuentra físicamente a miles de kilómetros de distancia. La tecnología es genial. Todo lo que vimos en las películas de ciencia ficción parece convertirse en realidad y las cosas avanzan a una velocidad tan vertiginosa que me vuela la cabeza tan solo pensar en cómo será el futuro.

Pero esa tecnología tan increíble que parece acercarnos el futuro es también un arma de doble filo. Así como en ciertos momentos hemos querido inmortalizar un instante de magia con una fotografía, en otros le hemos dado más importancia a la fotografía que al acontecimiento en sí. Como si nos embargara un miedo enorme al pensar que, si no lo compartimos, nunca sucedió.

El esfuerzo que requiere tomar fotografías o grabar videos para editarlos en el instante, incluso sin ser creadores de contenido, es mucho mayor de lo que creemos, todos queremos la mejor fotografía y el video más espectacular. Queremos compartirlo y que la gente que queremos o que nos sigue vea la «maravillosa» vida que tenemos. Tal parece que ahora el hecho de compartir nuestras vivencias es tan importante como experimentarlas. Estudios de neurología recientes han demostrado que el nivel de liberación de dopamina en el cerebro de una persona que sube una foto de un viaje puede ser incluso mayor cuando esa foto es muy bien recibida con cientos o miles de *likes* que durante el momento mismo en que se tomó la foto. En pocas palabras, pareciera que el disfrute o la felicidad, hablando de pura química cerebral, es mayor cuando lo compartimos que cuando lo vivimos. Esto es muy fuerte y a mí me llama muchísimo la atención, porque no podemos disfrutar de nuestra vida a través de *posteos*, debemos recordar lo que es vivir. Lo que es estar aquí y ahora. Y así es como vemos a personas capaces de formarse 40 minutos o más para tomar una fotografía que refleje un momento que en realidad no existió, es decir, que con las herramientas y decisiones correctas, ese momento fingido podría ser real. Con esto no estoy diciendo que sea el caso de nuestros viajes, pero estoy seguro de que más de uno podrá identificarse con esa sensación de validar el momento a través de un posteo, de sentir la necesidad de obtener la mejor fotografía en el momento más espectacular, como si el hecho de compartirlo lo volviera más real.

Sería inútil emprender una batalla en contra de la tecnología, pues además de estar perdida de antemano, es una realidad que nos ayuda muchísimo a la hora de viajar. Pero es la búsqueda del equilibro lo que nos puede llevar a recordar cómo se viajaba antes sin tanta conexión y cómo, de cierta forma, se disfrutaba más. Aunque por supuesto esto último es relativo, es una realidad que obligándonos a desconectar del sitio de donde venimos conectamos mejor y de manera más profunda con el sitio en el que estamos, y al final ese es el que importa. Aquí y ahora. En la actualidad, tenemos una especie de cordón umbilical digital que no nos permite dejar del todo nuestro hogar, aun estando del otro lado del mundo. Es una maravilla poder estar conectado, pero si esta conexión es una afrenta para uno de los mayores regalos de viajar, bien puede valer la pena hacer hoy un esfuerzo mayor por cortar ese cordón. Quizá nos sorprenderíamos al ver que, como los bebés al nacer, es esa ruptura y separación lo que nos da vida e independencia.

Viajar es estar presentes. Es poder disfrutar con todos los sentidos ese lugar donde estamos. Hacer conciencia de que el tiempo es nuestro y al mismo tiempo es finito. Respiramos profundamente, sentimos los aromas, percibimos con la piel la temperatura del sitio, escuchamos sus ruidos, su música, su vida, sentimos el calor del sol o la quemadura de la nieve, apreciamos la belleza de su arquitectura, de la naturaleza, de un atardecer, de un amanecer, del aroma del café, del sabor de una buena pasta, del poder de una sonrisa, de la maravilla de la historia, del poder de la fe, del milagro de la lluvia, del presente. Del aquí y el ahora.

La vida y los viajes son un disfrute para nosotros, es imposible saborear por completo este regalo si no nos damos la oportunidad de estar, sin pensar en nada más que en el presente. Que al final es lo único que existe.

La montaña del elefante

Llegar a la montaña Xiangshan, mejor conocida como la montaña del elefante, en la ciudad de Taipéi, en Taiwán, no es muy complicado. El metro te deja a unos 200 metros de donde comienza el sendero y toma únicamente unos 25 minutos de caminata y algunos cientos de escalones llegar al punto más alto. Desde aquí se obtiene una magnífica panorámica de la ciudad y se disfruta de un sitio tan verde que da la impresión de estar frente a un oasis que se besa con la jungla de asfalto.

La alfombra citadina se abre debajo de ti como una masa artificial de edificios, luces y sonidos que resulta extrañamente atractiva. El horizonte es cortado por un enorme rascacielos, imponente y majestuoso; esa torre de concreto, acero y cristal es el símbolo de la ciudad y el país entero. El Taipéi 101 fue, incluso, el edificio más alto del mundo entre 2003 y 2009; este gigantesco rascacielos se eleva casi en solitario sobre un panorama que parece hacer reverencia a su magnitud; no hay otro edificio en las cercanías que llegue siquiera a la mitad de su altura. La postal es espectacular, sobre todo al atardecer, cuando el cielo se pinta de colores y las luces de la ciudad comienzan a iluminar el paisaje.

Yo había leído sobre este sitio en varios lugares, así que acudí una hora antes de que el sol se ocultara para tomar unas fotos y disfrutar de la puesta de sol. Poco antes de llegar a la cima se encuentran unas peculiares rocas en las que la gente suele sentarse para contemplar la vista. Cuando llegué, ya estaba un entusiasta de la fotografía en la piedra más expuesta, listo para hacer sus tomas en primer plano. El personaje estaba equipado con todo lo necesario: tripié, cámara de última generación, disparador a distancia, filtro especial para los atardeceres y un lente gran angular. Sentí envidia; siempre que veo a alguien que posee un mucho mejor equipo fotográfico que el mío siento mucha envidia. Luego recuerdo que tengo que cargar con todos esos accesorios durante mi viaje y se me quita, pero solo un poco.

Me senté en la segunda piedra y me coloqué los audífonos para acompañar con música la puesta de sol. Poco a poco las piedras se fueron llenando de gente, yo disfrutaba mientras tomaba alguna foto o hacía un video de repente y luego me relajaba para ver cómo el sol iba descendiendo hacia el horizonte. Las piedras pronto estuvieron completamente pobladas, pero todos encontramos sin problema un lugar para disfrutar del espectáculo. Me gustó tanto el sitio que en mi última tarde en Taipéi decidí volver. El ritual fue bastante parecido a la primera vez. Un momento de magia que inmortalicé en unas cuantas fotos y videos que atesoro con mucho cariño.

Cinco años después se dio la oportunidad de regresar a Taiwán para filmar una campaña de publicidad de uno de mis patrocinadores. Le mencioné al director del comercial sobre este sitio y le insistí en que teníamos que grabar unas tomas ahí, pues ofrecía la mejor vista de la ciudad.

El *crew* y yo comenzamos la subida un par de horas antes de la puesta de sol. Es increíble regresar a los lugares que te han gustado mucho y andar sobre tus propios pasos. Sin quererlo, comienzan a llegar a ti recuerdos que se encontraban archivados en sitios muy profundos de tu cerebro, la memoria resucita mientras reconoce su entorno y el sentido de lo familiar te llena de confianza.

Llegamos a las famosas piedras que con gran elocuencia había descrito al director en nuestra junta creativa para toparnos con la sorpresa de que no solo estaban llenas de turistas, sino que además había una enorme fila detrás de personas que esperaban su turno para tomar la icónica foto del lugar que se había hecho famosa gracias a Instagram.

No nada más me sorprendí, sino que una parte de mí se sintió desilusionada y apenada con el director. Los había hecho subir esa montaña llevando a cuestas el pesado equipo solo para darnos cuenta de que nuestra locación, si bien hermosa, era imposible de usar. En lugar de descender, seguimos caminando cuesta arriba para buscar otro sitio desde donde sacar las deseadas tomas y por fortuna lo encontramos.

Esa tarde reflexioné mucho sobre el suceso. Bien dicen que es peligroso perseguir tus nostalgias, pues te puedes dar cuenta de que incluso tus recuerdos te pueden ser infieles. Es inútil y un tanto ingenuo regresar a un sitio tratando de revivir un momento en el que fuiste feliz; no solamente es imposible, es además peligroso, pues darte cuenta de que los momentos son irrepetibles no nada más es doloroso, es aterrador, decepcionante y al mismo tiempo liberador.

La experiencia en el lugar se había transformado radicalmente, sentarse a disfrutar un atardecer en esa misma roca, imposible. Era todo un ritual fotográfico ordenado a la perfección y repetido sin cesar. No soy alguien que se aferre al pasado, ni soy de esas personas que creen que los tiempos pasados fueron mejores, pero me sentí un poco triste. Sentí nostalgia por mis atardeceres en esa colina y agradecí haberlos vivido antes del *boom*.

Boyfriends of Instagram

Él se agacha, se tira al suelo y hace posiciones casi circenses mientras manipula el teléfono celular o la cámara fotográfica en un intento descomunal por obtener la mejor fotografía de su novia, o al menos la que ella tiene en su cabeza. Ella, vestida con un atuendo que combina perfecto con el entorno y que, por supuesto, no es obra del azar, posa sonriente como si el momento fuera tan natural como el aire que respira. Abandona la sonrisa para revisar la fotografía que su novio le muestra en la pantalla y ella, insatisfecha, le hace varias correcciones mientras se acomoda el vestido y se prepara para posar de nuevo de forma casual en un ritual de duración impredecible.

La foto seguramente irá acompañada de un *hashtag* cursi como #BlessedLife o #LifeGoals y el entorno que tanto inspiró dicha publicación será completamente ignorado minutos después mientras su protagonista, atenta a la pantalla de su dispositivo, manipula la imagen para que tanto el paisaje como el sujeto luzcan irreales. Una vez aplicados los filtros y las correcciones, se lanza el resultado al espacio digital en espera de llenarse de comentarios positivos y *likes* que alimentarán su ego y despertarán la envidia de quienes observan ese «momento mágico».

Esta escena es cada vez más común en los sitios turísticos y hasta hay una cuenta llamada *Boyfriends of Instagram* que publica fotos compartidas por los usuarios de aquellos novios heroicos que se tiran pecho tierra, hacen sentadillas eternas o incluso arriesgan su integridad física con el único objetivo de sacar la foto perfecta para Instagram, a solicitud de sus novias.

Esto por supuesto no es el panorama completo, ni tampoco un caso exclusivo de las mujeres, las parejas o los viajeros, pero sí es un reflejo de ese fenómeno que no podemos negar. Pareciera que sacar una foto de la experiencia es tan o más importante que la experiencia misma.

¿Las redes sociales arruinan nuestros viajes?

Es probable que pensar de este modo sea una visión bastante pesimista, pero considero que vale la pena reflexionar sobre ello. Las redes sociales amplían nuestro panorama, nos acercan a lugares que probablemente de otro modo nunca sabríamos que existen. Sin embargo, no somos los únicos en descubrir esos sitios «secretos» a través de las redes, por lo que podemos decir que si está en Instagram o en otra red social quizá no sea tan secreto.

Es una realidad que el tema de la fotografía en nuestros viajes se ha vuelto algo esencial y es rarísimo encontrar a alguien que no lleve un dispositivo con el cual pueda tomar fotos. Si a eso le sumamos que en la era digital podemos tomar miles y miles de fotos sin parar, todo se traduce a un mayor tiempo mirando nuestras pantallas, aun cuando viajamos.

El fenómeno de las redes sociales ha explotado demasiado rápido comparado con la edad del turismo y ninguno de nosotros sabe cómo llevar un equilibrio saludable porque no sabemos con exactitud dónde está el equilibrio. ¿Es compartir con la gente que está lejos algo que debamos reducir o debemos olvidarnos de las redes y enfocarnos en el aquí y en el ahora? ¿Hasta dónde estar conectados nos desconecta del presente y hasta dónde estar en el presente nos convierte en seres antisociales?

En el tema de los viajes, que es el que nos atañe, las redes sociales han modificado la manera en que vivimos nuestras travesías. Yo recuerdo a la perfección que hace no más de 10 años dejaba mi teléfono celular en casa cuando salía de viaje porque no existían los teléfonos inteligentes y no pensaba gastar una fortuna en largas distancias. Buscaba teléfonos públicos y acudía a los café-internet para conectarme a Facebook y decirle a mi familia que todo estaba bien. ¡Parecen cosas del siglo pasado! Pero es increíble que en realidad haya pasado tan poco tiempo.

Si en el hotel u hostal había una computadora, me sentaba en el escritorio y le describía a mi familia y amigos las actividades que había hecho en días pasados, les contaba de los templos, de los paisajes, de la gente que había conocido y les decía que no podía esperar a llegar a México para mostrarles las fotos. Ese ritual hoy forma parte del pasado y, si soy sincero, miro atrás con bastante nostalgia, pues hoy todo lo comparto por WhatsApp en el momento, como si dejar pasar un par de horas hiciera que las fotos caducaran.

Recuerdo perfectamente cuando supe que el internet iba a dejarme compartir mis viajes en tiempo real, me parecía fabuloso. Poder compartir en ese preciso instante lo que veía me parecía algo sacado de una historia futurista. Permitía que mis seguidores, amigos y familiares pudieran vivir el viaje conmigo, de manera virtual. Creo que la primera fotografía que subí fue de una lapicera en forma de mano con el pulgar arriba, como si indicara un «me gusta», era de color verde y me pareció un objeto muy curioso. La compré en Islandia y aún sigue en el cajón de mi escritorio. Mira que con todos los paisajes de Islandia, decidir estrenarse en el ámbito digital con la foto de una lapicera me hace ganar el premio al viajero más brillante, ja, ja, ja.

Después vino Instagram y sus poderosos filtros que nos hicieron sentir a todos fotógrafos y que nos obsesionaron con darles a las fotos cualquier aspecto menos el natural. Pronto los destinos se dieron cuenta de la poderosa herramienta que Instagram podría ser para la industria turística y fue solo cuestión de tiempo para que espectaculares fotografías de paisajes y lugares lejanos inundaran nuestros celulares. Imágenes que antaño estaban reservadas para fotógrafos profesionales hoy podemos emularlas con el poder de nuestros *smartphones* y la maravilla de los filtros.

Las fotos nos inspiran, nos mueven. Nos provocan ese sentimiento de deseo y aspiración de dejar todo en el instante y correr hacia ese sitio. Lo deseamos, lo queremos. Y puede ser nuestro. Pero cuando lo tenemos tal parece que estamos destinados a repetir el ejercicio: lanzar una imagen al mundo virtual como un señuelo que atraerá a nuevos turistas.

El factor *wow* era algo importante, la foto tenía que impactar, asombrar, hacerte desear estar allí, disfrutando el momento. Tendencias como el #Followmeto, en las que una mujer avanza hacia un paradisíaco paisaje rodeado de icónicos monumentos en resplandeciente HDR mientras toma de la mano a su pareja, llevándolo irremediablemente con jovial energía hacia ese impresionante sitio, comenzaron a inundar las redes.

Las fotos pasaron a ser mucho más que recuerdos, se convirtieron en el *souvenir* más importante de un viaje y en parte vital de nuestra identidad social. Y si nos preguntamos: ¿se están convirtiendo nuestros viajes en una incesante sesión fotográfica? ¿Es más importante sacar una buena foto que conocer de verdad el sitio? ¿Están las redes sociales arruinando nuestra experiencia de viaje?

Estas preguntas no tienen una respuesta simple, el asunto es demasiado complejo. No todo mundo toma sus fotos con la misma intención ni con el mismo objetivo. Al final la respuesta es demasiado personal, tan personal que probablemente no la compartamos. La fotografía es una manera hermosa de perpetuar de forma material ese momento y cada uno de nosotros sabe las razones, motivos e intenciones de las fotos que tomamos, pero sobre todo de las que compartimos.

Quizá esa foto que subió tu exnovia con la intención de que la vieras gozando en la playa fue una gran inspiración para una chica que se sentía deprimida y necesitaba un pequeño impulso para animarse a hacer ese gran viaje, aunque a ti te destruya. Las redes tienen formas peculiares de funcionar y, una vez en la nube, nuestras fotos parecen tener vida propia y sus repercusiones pueden ser tan diversas como sorprendentes.

El caso aquí es no perder de vista la experiencia misma del viaje y que nuestras fotografías realmente reflejen una experiencia y no sean la experiencia misma o, peor aún, un momento creado para impresionar.

El equilibrio del uso de las redes, de lo que compartimos o dejamos de compartir es decisión propia y como todo en la vida, cada persona necesita dosis distintas. Esto no quita que, hoy por hoy, viajar con tantas opciones de conectividad no sea un reto para abrazar con todas nuestras fuerzas ese maravilloso regalo que nos dan los viajes: vivir el presente. Los viajes cambian nuestra realidad, nuestro entorno y nuestro aire con la finalidad de recordarnos que estamos vivos y que, aunque tomemos miles y millones de fotografías, absolutamente nada podrá perpetuar un momento.

Estar presente

El lector se equivocaría si toma mi anécdota inicial como un ejemplo de estar presente y consciente del instante. Mi intención a través de ella es ilustrar cómo los viajes, por momentos, nos empujan sin saberlo a este estado de conciencia en donde absorbemos por completo el momento y sacamos el mejor provecho de él, pero en realidad no sabemos que lo estamos haciendo. La espera (desesperada) en la línea de migración es un ejemplo opuesto a estar presente y disfrutando el aquí y el ahora. Una vez que entendemos que el momento presente es lo único que tenemos, debemos aplicarlo en cada ocasión, incluyendo situaciones como estas donde quisiéramos adelantar el tiempo.

Si somos conscientes de que el *ahora* es lo que cuenta, no importa dónde estemos ni en qué situación nos hayamos envuelto, la abrazaremos tal y como viene. Estaremos presentes sin juzgar y aprenderemos a exprimir cada gota del jugo de la vida. Los viajes nos regalan ese estado de entendimiento y la oportunidad de aplicar esto en nuestro día a día.

LECCIÓN 5

VEMOS LO QUE SOMOS

En el *Libro del desasosiego* Fernando Pessoa dice que «la vida es lo que hacemos de ella. Los viajes son los viajeros. Lo que vemos no es lo que vemos, sino lo que somos». Y tiene toda la razón.

Hasta las maletas eran diferentes. Luis, Mónica, Mariano y yo nos preparábamos para un viaje a París. Cada viajero tiene su forma de empacar, tamaño ideal de maleta, forma de doblar la ropa y hasta diferencias imprescindibles. Cada cabeza es un mundo, dicen. Hay quienes tienen la maleta toda desordenada y quienes empacan todo en bolsas individuales cuidadosamente seleccionadas por su tamaño. Hay quien siempre lleva de todo en la mochila o bolsa de mano y aquel que siempre olvida algo en casa. Estamos los viajeros puntuales, nerviosos, que llegan a tiempo al aeropuerto, tres horas antes del vuelo «por cualquier cosa», y están los viajeros que llegan rayando a la puerta de abordaje mientras vocean su nombre en los altavoces, con el estrés a tope por la posibilidad de perder el vuelo. Todos somos diferentes y, aunque vayamos al mismo destino y lleguemos de la misma manera, el viaje seguirá siendo siempre una experiencia individual.

Mis amigos y yo tomamos el mismo vuelo a París, compartimos el taxi, nos hospedamos en el mismo hotel, comimos en los mismos restaurantes y estuvimos prácticamente juntos todo el viaje. Sin embargo, nuestra experiencia individual fue muy, muy diferente.

Luis es un amante de la vida nocturna y los deportes. Quizá no sepa qué museos hay en cada ciudad, pero es una persona en la que puedes confiar para que te recomiende un bar o sitio nocturno de moda. Aunque en realidad a Luis no le gusta París, aprecia los monumentos y los preciosos edificios; pero le parece una ciudad sucia, por momentos caótica y con un servicio comandado por meseros malhumorados a los que, según él, no les gusta hablar inglés. Ese viaje lo hacía por pasar tiempo con nosotros. No odia París, simplemente Luis no es un apasionado de la Ciudad de la Luz como otros.

Para Mónica era diferente. Como buena amante de los vinos, un viaje a París le daba la oportunidad de degustar una infinidad de variedades que en México le costarían una fortuna. Mónica viaja a través de lo que bebe y come. Ella estaba a cargo de las reservaciones en los restaurantes y coordinaba el itinerario conmigo para cuadrar las visitas a los sitios de interés con los lugares donde comeríamos. Sin embargo, los museos no son lo suyo. Claro que aprecia el arte y le gusta de vez en cuando perderse en un gigantesco museo europeo, pero le cuesta trabajo pasar más de dos horas en uno. Tampoco le gusta tomar el metro, dice que se «engenta», pero ir en taxi a cada lugar no era la mejor opción para nuestro presupuesto, así que acabó cediendo a los intrincados túneles que recorren la antigua ciudad por debajo.

Mariano es un apasionado de la fotografía, tiene un ojo espectacular para descubrir encuadres y detalles que ante los demás pasan desapercibidos. Su vista está entrenada para buscar una imagen casi en cualquier momento y es verdaderamente impresionante lo que hace. Ya sean edificios, plantas o personas, siempre logra captar la esencia de los lugares de una manera que a mí me parece mágica. Pero, contrario a Mónica, le cuesta probar cosas nuevas en el área gastronómica, más que por gusto, por algunos padecimientos gastrointestinales que le obligan a cuidar lo que come, en especial cuando viaja. Algunas de sus vacaciones se han visto interrumpidas por múltiples idas al baño o de plano por no poder dejar el cuarto del hotel.

Cuando yo viajo por placer, ya sea con amigos o familia, me dejo llevar y evito tomar decisiones. Aunque siempre me involucro en la planeación del itinerario para aprovechar el tiempo al máximo y ver todo lo que todos queremos ver, comer lo que queremos comer y descansar lo que queremos descansar. Mi problema es que estoy acostumbrado a viajar solo y a veces la dinámica de estar todo el tiempo acompañado hace que mi tiempo de convivencia se agote rápido y pueda sacar mi mal carácter. Y ni se diga cuando los involucrados en el viaje sacan la carta de la impuntualidad, es de las cosas que más me molestan. Con el tiempo he mejorado, antes era de verdad insoportable. Hoy soy un poquito menos, pero el hecho de estar ansioso, molesto o desesperado no ayuda mucho a disfrutar de un lugar.

A pesar de que nuestras personalidades son tan diferentes, somos un grupo complementario y nos reímos mucho juntos, la pasamos muy bien. Sin embargo, aunque hicimos exactamente el mismo viaje, pareciese que cada uno de nosotros terminó haciendo uno distinto.

Me explico: como lo indica el título de este capítulo, lo que vemos es lo que somos, percibimos el mundo a través de nosotros mismos, de nuestro bagaje cultural, de nuestra educación, de nuestros gustos, experiencias e, incluso, a través de nuestro estado de ánimo. Por ello, no importa que las cuatro personas involucradas en este viaje hayamos hecho el mismo recorrido, todas tenemos una percepción distinta de lo vivido. En algunos puntos nos encontramos y coincidimos, pero en otros pareciera que vamos en direcciones diferentes. El restaurante que a Mónica le pareció espectacular, a Mariano no le gustó tanto. Ese momento en el parque que yo disfruté muchísimo, Mónica lo recuerda con tristeza pues estaba discutiendo con su novio a distancia. Y ya en profundidades más densas, los problemas sociales de una ciudad como París han hecho que Luis se desencante de esta famosa metrópoli. La ve sucia, llena de inmigrantes y lejos del glamur y el romanticismo que nos venden en los panfletos de las agencias de viajes.

Al final, París es París y como todas las ciudades del mundo tiene sus luces y sus sombras. Ninguna ciudad es perfecta, pero al final de todo a la capital francesa le importa un comino nuestra opinión, la ciudad es y punto. Lo que nosotros percibimos de ella tiene que ver más con nosotros que con la ciudad misma. Vemos el mundo a través de nuestros filtros personales, los cuales están formados por nuestras experiencias, prejuicios y educación. Por eso, todos vemos el mundo de manera tan distinta. Ni siquiera Mickey Mouse puede caerle bien a todo el mundo.

Cuando entendemos que esta percepción de un lugar está relacionada con nuestro mundo interior, nos volvemos más cuidadosos no solo con lo que decimos, sino también con cómo abordamos el mundo exterior. Es decir, nosotros elegimos qué lado de la moneda ver, en qué parte ponemos nuestra atención. Y cuando asumimos que tenemos el poder para hacer eso comenzamos a encontrar belleza en todas partes.

Esa gente que se queja todo el tiempo

Todos conocemos a alguien que se queja todo el tiempo durante un viaje. Ya sea porque no durmió bien, porque se siente cansado, porque no le gusta la comida, porque hace mucho frío, mucho calor, porque la *Mona Lisa* es más pequeña de lo que pensaba, porque no hay taxis, no le gusta el café o porque hay que levantarse temprano, incluso porque su equipo favorito no ganó el partido. No tengo idea de cómo lo hacen, pero siempre encuentran un pretexto perfecto para quejarse, es casi como una habilidad, un talento. El mundo podrá estar todo luminoso, pero ellos se encargarán de encontrar la sombra.

Estas personas, si bien pueden ser muy molestas, también pueden ser grandes maestras, pues al colocarnos en situaciones que ponen a prueba nuestra paciencia, nuestro humor o nuestra empatía, podemos aprender de nosotros mismos o de la situación. Aunque, además de ese aprendizaje, desafortunadamente también pueden contagiarnos de su actitud. Cuando alguien se queja todo el tiempo, en realidad hay algo más allá de lo superficial que hace que nada le parezca suficiente. No soy psicólogo, ni me corresponde entrar en las razones por las que esas personas encuentran siempre un negrito en el arroz, pero en el aspecto de los viajes es un gran síntoma de que algo no está bien con las personas, no con el destino. A menos que todo el viaje haya sido un completo desastre y haya miles de razones para estar molesto.

A mí me cuesta trabajo comprender por qué alguien querría salir de su casa solo para ver lo terrible que es el mundo desde su particular y limitado punto de vista, como el que tenemos todos. En 2015, durante mi recorrido por Rusia, una guía en Moscú me dijo que había dos tipos de viajeros que llegaban a su país: los que querían descubrir la Rusia que no les contaban los medios occidentales y los que querían únicamente confirmar sus prejuicios. Ambos quedarían satisfechos, aun cuando sus objetivos eran opuestos y contradictorios.

Casi siempre que nos quejamos de algo estamos hablando más de nosotros que del objeto de nuestra queja. Por ello, cuando entendemos que lo que vemos es lo que somos, nos volvemos más cuidadosos al momento de expresar nuestra opinión. Podemos ser sinceros sin ser crueles y aprendemos a apreciar la belleza del mundo.

Esa es una gran lección de los viajes, tener la capacidad de situarnos, a veces sin darnos cuenta, frente a un espejo que nos hace reflexionar sobre nuestra propia vida, nuestros problemas, nuestras carencias, nuestros prejuicios y defectos. Nadie es perfecto y todos tenemos prejuicios que debemos desmantelar poco a poco, por eso estoy convencido de la importancia que puede tener un viaje en nuestro crecimiento personal. Para muchas personas viajar significa vacaciones, un momento para relajarse, desconectarse de la rutina y consentirse, algo que todos necesitamos y merecemos, pero los viajes también nos dan lecciones que podemos aplicar en nuestra vida cotidiana. Viajar puede modificar y ampliar nuestro criterio, incluso influir en nuestro carácter y, sobre todo, cambiarnos la percepción, casi siempre equivocada, que tenemos del mundo.

No se trata de no quejarse, de vez en cuando es muy rico poder desahogar la furia contra algo, pero podemos observar un patrón de conducta si somos nosotros quienes nos quejamos de todo. El problema no está en aquello de lo que nos quejamos, está dentro de nosotros y reconocerlo, ya sea viajando o de cualquier manera, es una gran invitación para reflexionar y aprender, para trabajar en nuestro crecimiento personal y madurar.

Por supuesto que este concepto no solo aplica en el caso de los viajes. He dicho antes que es importante que estas lecciones que aprendemos viajando podamos aplicarlas en nuestra vida diaria, de esa forma no será necesario presumir cuántos países conocemos o cuántos viajes hemos hecho, el aprendizaje siempre es visible en un viajero.

¿Los viajes ilustran?

«Los viajes ilustran» es una de las frases más usadas en relación con el turismo. Se cree que nació en el Grand Tour, un recorrido que solía hacer la burguesía europea en los siglos XVI, XVII y XVIII en los que jóvenes de alrededor de 21 años se enfrascaban en un extenso viaje de dos o tres años (qué envidia) para «descubrir el mundo», al menos el mundo europeo. Este viaje tan extenso, y cuyo destino principal era Italia, tenía como principal objetivo que los jóvenes adinerados conocieran a profundidad aquellas tierras y, a través de sus enseñanzas, formarse como personas. Muchos de los viajeros que realizaron este tour escribieron libros al respecto y el aprendizaje era extenso y profundo. Después de ese tiempo podríamos asegurar que al regresar a casa eran personas completamente distintas.

Por supuesto que viajar en aquella época tenía sus complicaciones, los transportes eran muchísimo más lentos, la tecnología era muy austera comparada con la de nuestra época, y el tiempo era un lujo que podían darse, aunque no había muchas opciones de destino. Esta forma de viajar obligaba a los viajeros, más que a trasladarse, a hacer una lenta transición de un sitio a otro debido a los tiempos de traslado y la nula prisa, por lo tanto el cambio de un lugar a otro era menos abrupto y probablemente más amable. Esto genera una adaptación paulatina que ya no tenemos hoy en día. En la actualidad, con los recursos suficientes, podemos despertar en un continente y atravesar un océano para dormir en otro.

Al viajar más lento, es posible adentrarse más en cada sitio y aprender más a fondo sobre él. Más que un viaje turístico, el Grand Tour parecía un viaje de estudio que permitía explorar una parte del mundo y madurar como persona mientras tanto. Aunque, incluso con todo ese tiempo, hay tantos sitios por conocer en cada lugar que es complejo elegir una ruta para dos o tres años. Eso sí, esta forma de viajar penetraba de manera más profunda en la piel y la mente del viajero.

Hoy la historia es diferente. En este momento podría ir al aeropuerto de la Ciudad de México y tomar un vuelo a Tokio y pedir comida italiana mientras veo una película reciente; aterrizar al día siguiente, comer en un Burger King, pasar la noche en un Holiday Inn y regresar a casa en un vuelo directo. En realidad estuve en Tokio, pero ¿conocí la capital japonesa por haber estado menos de dos días en lugares genéricos que puedo encontrar incluso sin salir de la Ciudad de México?

El poder de la globalización ha hecho que nuestro mundo no solo esté más conectado, sino que las franquicias de marcas internacionales tengan presencia mundial, haciendo de muchos destinos una experiencia cada vez más igual. Con esto no quiero decir que sea del todo malo, en lo absoluto. Simplemente que, hoy por hoy, el viajero no solo se encuentra frente al reto de buscar experiencias que de verdad sean auténticas de cada lugar y al mismo tiempo resistir la tentación de buscar lo familiar y acabar comiendo o durmiendo en una franquicia casi idéntica a la que tiene en la ciudad donde vive.

Sabemos por los libros y bitácoras de la época del Grand Tour que aquellos viajes, si bien estaban al alcance de un pequeño sector de la población con acceso a las máximas comodidades de aquellos tiempos, representaban retos y mucho aprendizaje para quienes los realizaban: ese viaje los transformaba. Regresaban a casa siendo personas distintas por completo, y de allí el dicho «los viajes ilustran».

Hoy creo firmemente que la mayoría de los viajes actuales no ilustran por sí solos, pero ofrecen la oportunidad de ilustrar. Es decisión del viajero. El clavado que nos echamos en cada destino y la profundidad que queremos alcanzar es una decisión de nosotros como visitantes. Después de todo, los viajes están limitados, el tiempo que tenemos nunca alcanzará para conocer por completo un lugar y nuestra mirada será la de un extranjero. La decisión del viajero está en todo, en dónde se hospeda, qué lugares visita, cuánto tiempo le dedica a cada uno y, por supuesto, qué y dónde come. Porque son esas experiencias las que te «hablarán» del destino y las que te permitirán «ilustrarte». No es lo mismo dormir en un auténtico ryokan o en un templo tradicional en Japón que en un hotel de negocios. No es lo mismo comer en un sitio popular abarrotado por comensales locales que en un McDonald's. Tú decides qué tanto quieres que tus viajes te ilustren.

Con lo anterior no pretendo expresar un juicio sobre las personas que se sienten atraídas por lo familiar y acuden a estas franquicias. En lo absoluto. Quiero dejar en claro que cada persona es libre de decidir qué hacer con su tiempo y dinero. Lo que busco es invitar a reflexionar sobre nuestros hábitos al viajar con el único objetivo de sacarle más provecho a cada experiencia.

Lo diferente está dando paso a lo familiar. No hay nada que podamos hacer al respecto, es la época en la que nos tocó vivir y es mejor que la abracemos y saquemos lo mejor de ella. Podría ser peor. Pero no olvidemos que siempre habrá una oportunidad para tener una experiencia más local, más profunda y que al final, como dice el dicho, nos ilustre. Hoy en día los viajes ilustran si nosotros así lo decidimos.

El poder sanador de un viaje

Mi padre es un ser de pocas palabras y muchas emociones, aunque rara vez las demuestra. Me da la impresión de que dentro de él hay un torbellino sucediendo que nunca logra calmar. Así lo educaron. Mis abuelos fueron duros, estrictos, chapados a la antigua. Siempre he pensado que la gente que expresa poco es porque siente demasiado; nos gusta llamarlos «insensibles» y, en realidad, no podría haber un término más alejado.

Unos meses después de que murió mi madre, le dije a mi padre que nos fuéramos de viaje, lejos, muy lejos. Quería llevarlo a un lugar donde ninguno de nosotros tuviéramos recuerdos. Donde todo fuera nuevo, cargado de asombro, sin espacio para la nostalgia.

Le dije al productor de la obra de teatro en la que trabajaba en ese entonces que me iría de viaje. Más que una solicitud de permiso, se trataba de un aviso de ausencia. Regresaría a los ensayos después de 10 días, y si él no estaba de acuerdo, yo simplemente no regresaría. Estaba decidido.

Partimos a China un lunes por la noche. Mi hermano, mi papá y yo. Armé un itinerario lleno de lugares exóticos y con el toque futurista de la Expo Shanghái 2010. Todo era espectacular, grandioso, luminoso y brutal.

Desde que llegamos mi padre se la pasó quejándose. Que si olían mal los chinos, que si la comida era asquerosa, que si había muchas filas. Después de toda una vida de conocerlo sabía que esa era su forma de decirme «gracias, estoy en un lugar que jamás pensé visitar, en un sitio donde la gente es diferente y la comida es algo nuevo. Gracias, pero no sé cómo agradecerte».

Después de unos días en Shanghái, otro par en Nanjing y varios trenes nocturnos, llegamos a la espectacular montaña

Huangshan, considerada por muchas personas como la más bella del país. Organicé nuestro recorrido para pasar una noche en la cima y ver al día siguiente el amanecer desde un espectacular mirador.

Mientras subíamos la montaña, los lugares se hacían más y más bellos. Rocas de formas caprichosas, árboles que parecían sacados de una postal, lagos que se me antojaban imposibles y escaleras tan altas que parecían llegar al cielo. ¡Al cielo! Mi padre comenzó a llorar. Me dijo: «Estamos tan cerca de ella, estamos muy cerquita». Pocas veces en mi vida lo había visto así. Y tenía razón. Lo había llevado del otro lado del mundo a un lugar completamente desconocido y terminamos acercándonos a nuestras nostalgias más que nunca. Nos acercamos al cielo, al lugar en donde nos gusta pensar que está mi madre.

Al día siguiente observamos uno de los amaneceres más hermosos, con un mar de nubes a nuestros pies.

Mi padre siguió quejándose todo el viaje, a su manera. El último día llegué a pensar que en realidad me había equivocado, que los viajes no son para todos y hay gente que de verdad no los disfruta.

Después de unos meses, por accidente descubrí a mi papá contándoles sobre su viaje a unos amigos suyos. Su relato era efusivo, alegre, exótico, te atrapaba. Todos los detalles de los cuales se quejó durante la travesía eran ahora el aderezo cómico de su aventura, se antojaba estar en ese sitio donde nos acercamos al cielo para saludar al recuerdo y sanar nuestras penas.

Ver la belleza del mundo

Siempre he creído que los viajeros tenemos como misión ver y compartir la belleza del mundo. El planeta en que vivimos es tan espectacular, único e impresionante que podemos pasar la vida entera viajando de un lado a otro y ni así podríamos ver todas sus maravillas. Por supuesto que el mundo es, al mismo tiempo, un sitio complejo. Conflictos bélicos, pobreza, desigualdad social, fundamentalismos, leyes que atentan contra los derechos humanos. En definitiva, el mundo no es perfecto, pero me gusta pensar que cada vez va mejor.

Tampoco me gustaría que se entendiera que solo debemos ver el lado luminoso de los sitios que visitamos, para nada. Hay que ver también las sombras para crearnos una opinión más informada y entender los diferentes contextos de cada sitio que visitamos, por esto siempre sugiero acercarse a través de experiencias locales, hablar con la gente que los habita y llegar con las manos vacías y los ojos abiertos. Lo que sí creo y defiendo es que enfocarse en lo bueno que tienen los lugares que visitamos no solo nos da mucho aprendizaje, también nos hace crecer y al final, si vemos lo que somos, estaremos siendo tan bellos como el mundo que observamos y compartimos.

LECCIÓN 6

VIAJAR ES TAMBIÉN UNA RESPONSABILIDAD

África es un continente que he visitado poco, no por falta de gusto sino más bien por un cúmulo de circunstancias comunes entre los viajeros: conectividad, precios, tiempo y, sobre todo, una ligera sensación de no estar preparado para lo que se puede vivir en ese continente complejo y vasto, enigmático a los ojos de un mexicano como yo. Para muchas personas, el continente africano es sinónimo de pobreza, retraso, animales exóticos y corrupción. Sin embargo, como todos los lugares que he tenido la oportunidad de visitar, nada es como nos lo cuentan ni como nos lo imaginamos y, en cada una de mis contadas visitas, he aprendido lecciones que me han marcado para siempre.

En 2016 hice un recorrido de la mano de National Geographic Expeditions en una aventura diseñada para conocer de cerca a los primates de esa zona del mundo, en particular a los gorilas de montaña. Durante el tercer día del viaje recorríamos tranquilamente el Santuario de humedales de Bigodi en Uganda, un precioso lugar repleto de aves y muchísimos babuinos. El bosque tenía más tonalidades de verde de las que podía haber imaginado. Caminamos en silencio por un sendero bien delimitado intentando identificar alguna de las aves que pretendíamos avistar. Eran las 11 de la mañana y el calor ya comenzaba a incomodarnos, especialmente por la humedad. Las aves eran muy esquivas y no les gustaba estar cerca de los visitantes. Dayana, nuestra guía, una joven local de 17 años amante de las telenovelas mexicanas y fan a morir de William Levy nos explicó en su perfecto inglés los detalles sobre la flora y la fauna, con especial atención en las 200 especies de aves que llaman a este sitio su hogar y que son el motivo principal por el cual cientos de amantes de las aves lo visitan para observar estos preciosos animales.

En un punto del recorrido nos topamos con dos niños de unos nueve años de edad, que interceptaron amablemente al grupo para tratar de vendernos un par de artesanías de barro hechas por ellos. Uno de los turistas del grupo, conmovido por el gesto, sacó de su cartera un billete de 10 dólares estadounidenses y se lo entregó a uno de los niños, que no podía disimular su emoción. Dayana irrumpió el aparentemente momento mágico y con un gentil gesto tomó el billete de las manos del niño, que no dudó en entregarlo, y se lo devolvió al bienintencionado turista. El rostro de la guía se tornó serio y con un tono correcto y claro nos pidió lo siguiente: «Gracias por querer ayudar, pero lo que usted acaba de hacer es un peligro para mi comunidad. Todos los días nos esforzamos para que estos niños tengan una mejor educación y mejores oportunidades en el futuro. Usted le acaba de entregar a este niño, en un segundo, el equivalente al sueldo semanal de sus padres. Si él llega a casa con ese billete sus padres no dudarán en obligarlo a que regrese a este sitio a pedir más dinero a otros turistas, comprometiendo de esa forma su educación. Darle dinero no lo ayuda, es clavarle los zapatos a la calle y a la mendicidad. Agradezco infinitamente su gesto pero, si de verdad quiere ayudar, con gusto puedo llevarlo con el jefe de nuestra comunidad para que haga un donativo y quede registrado, o puede buscar alguna de las fundaciones internacionales que conocen nuestras problemáticas a fondo y allí puede también hacer un donativo, pero por favor no les dé nada a nuestros niños».

Un silencio incómodo se apoderó del ambiente. La humedad era cada vez peor. Nunca antes había visto el problema desde esa perspectiva. Viniendo de un país latinoamericano, influenciado enormemente por la religión católica y la insistencia en el acto de caridad, jamás imaginé que tratar de ayudar a un niño de esa manera fuera tan perjudicial. Agradecí la lección y decidí tratar de comunicarla lo más posible. Pero esta intención no siempre ha tenido éxito.

Como si el destino decidiera recalcar aquella lección, me enfrentaría a la misma problemática en uno de los países que más me han gustado hasta la fecha, Myanmar, antes Birmania. Esta nación es la más pobre del sudeste asiático y su retraso económico es evidente. En 2012 sus fronteras se abrieron oficialmente al mundo y el gobierno ha permitido poco a poco su crecimiento en distintos aspectos, apostaron por el turismo y, gracias a ello, la infraestructura ha avanzado muchísimo en la última década, pero aún hay mucho por hacer. El intento de genocidio en 2017 hacia la minoría musulmana rohinyá afectó una ya castigada reputación mundial y los turistas piensan dos veces antes de visitar el país. Sin embargo, en 2020, un golpe de Estado le regresó el gobierno al Ejército y desde entonces muchos países aconsejan evitar viajar a esta preciosa nación. Yo tuve la oportunidad de visitar Myanmar dos veces y estoy enamorado de su cultura, de su gente, de sus paisajes, sus templos y sobre todo de su inocencia. El aislamiento por tantos años hace que visitar Myanmar sea como viajar a Tailandia en la década de 1970. La autenticidad es innegable y la experiencia es tan pura como la sonrisa de sus niños.

En una ocasión hice una caminata de tres días desde el pintoresco pueblo de Kalaw hasta el famoso y espectacular lago Inle, uno de los sitios turísticos más visitados del país. En el recorrido no hay hoteles, trasnochas en aldeas tradicionales con familias que te ceden un espacio en sus resistentes casas de bambú, duermes en el suelo, cenas la comida preparada por la familia y tienes oportunidad de convivir lo que la barrera del idioma te permite. Cuando visité la primera de las casas, el gobierno había colocado algunos pósteres con indicaciones de comportamiento sugerido para los visitantes, como respetar los hogares de los locales: no sentarse en las almohadas —los birmanos solo usan las almohadas para colocar la cabeza por lo que poner tu trasero en un sitio donde después irá su cara no es algo que les resulte particularmente agradable—; evitar apuntar con tus pies cualquier cosa, ya que se considera una falta de respeto; no tocar la cabeza de nadie, pues es la parte más elevada del cuerpo y, de cierta forma, sagrada; vestirse adecuadamente en los templos y sitios religiosos, y bajo ninguna circunstancia dar dinero o regalos a los niños. En esta ocasión, insistían en evitar todo tipo de regalos, desde dulces o chicles hasta cuadernos, lápices y, mucho menos, dinero. Esto cobra sentido cuando entiendes que uno de nuestros caramelos industrializados puede provocarle una caries a un niño que no tiene acceso a servicios dentales y, en el caso del dinero, el punto es el mismo que el expuesto en mi anécdota en Uganda: si les damos a los niños cualquier cosa, aprenderán a ver en nosotros una fuente que provee y ya no una persona, y de allí nace la mendicidad. De la misma forma insistían en que si quieres ayudar te acerques con los jefes de la comunidad o a las fundaciones que colaboran en el territorio.

Me parecía sorprendente cómo dos de las naciones más pobres del mundo podían dar una lección tan avanzada respecto a un tema tan controversial como la caridad. Si hay países y comunidades que necesitan de ayuda inmediata son precisamente estas, pero ambas están viendo la oportunidad de arreglar el problema de raíz y no de forma temporal o superficial.

En varias ocasiones he insistido en mis videos sobre esta problemática, pero hay gente que me ha acusado incluso de ser mala persona. Entiendo perfectamente que una visión estrecha nos evite ver la realidad de la situación, pero tengo fe en que los argumentos aquí expuestos ayuden a cambiar la perspectiva sobre este tema. No está mal ayudar, pero una ayuda mal enfocada puede convertirse en un acto perjudicial que, lejos de arreglar la situación, la empeore.

Argumentos como «Las fundaciones no sirven y se roban el dinero», «si doy el dinero directamente a los habitantes sé que en verdad ayudo, en cambio si lo llevo a un jefe de comunidad, ¿cómo sé que la ayuda es realmente aplicada?» o «pobres niños» son algunos de los que la gente ha comentado cuando trato este tema. En todos los casos me gustaría aclarar que la intención es la misma: ayudar. A nadie le gusta la desigualdad del mundo ni ver a personas de escasos recursos orilladas a trabajar en las calles para subsistir, en especial tratándose de niños. Pero debemos considerar la posibilidad —por no decir la realidad— de que en la mayoría de los casos la caridad de mano a mano se da para expiar nuestra culpa más que para ayudar. Es una caridad egoísta, para sentirnos mejor con nosotros mismos sin importar el impacto que puede provocar en una comunidad entera.

Viajar nos enfrenta con la belleza del mundo, pero también con su sombra, y esta no podemos ignorarla. Si bien es una realidad que nuestra percepción del mundo es solamente una minúscula ventana de una imagen enorme imposible de observar en su totalidad, al viajar podemos tener y entender un panorama más allá de nuestro círculo cercano. Esto, por supuesto, conlleva sus riesgos, el intercambio cultural entre visitante y visitado siempre tiene un impacto y es labor del primero que sea lo más positivo posible.

Viajar es visitar la casa de alguien más

Cada vez que viajamos nos convertimos en visitantes de un sitio que otros llaman hogar. Es como entrar en una casa ajena, no llegas y pones los pies sobre la mesa exigiendo que te den un vaso de agua. Si somos conscientes de que el privilegio de viajar es también una responsabilidad, seremos más cuidadosos con las decisiones que tomamos al hacerlo. Esto incluye los lugares donde nos hospedamos, los sitios donde comemos y la forma en que nos comportamos.

Vivimos un momento afortunado en la historia de la humanidad en el que tenemos muchas más posibilidades de viajar que las generaciones anteriores, donde el paradigma de que viajar es para ricos cada vez queda más diluido. Es una realidad que no todos pueden tomar un avión e iniciar una aventura, pero los números y las estadísticas no mienten, cada vez viajamos más. La pregunta es: ¿cada vez viajamos mejor?

El turismo responsable es un tema que se ha discutido en años recientes; a partir del crecimiento de la industria turística en el mundo, ciudades como Venecia y Barcelona pasaron de estar agradecidas por ser tan visitadas a pedirle a la gente que ya no vaya con letreros como: «Tus vacaciones son mi infierno» y «Regresa a casa», que dieron origen a la famosa «turismofobia». En mi opinión, algo por completo comprensible, pues a nadie le gusta que lleguen a su casa a hacer destrozos. Las enormes cantidades de turistas comenzaron a crear problemas en las ciudades históricas con una capacidad de carga limitada. La hermosa ciudad amurallada de Dubrovnik en Croacia se vio amenazada con perder su título de Patrimonio de la Humanidad por la UNESCO si no controlaba el flujo de visitantes hacia su frágil casco histórico, hordas de turistas provenientes principalmente de cruceros que atracaban en el puerto y descargaban a miles de turistas en cuestión de unas horas. Durante un breve periodo, la población aumentaba tanto que complicaba el funcionamiento de los servicios públicos y los establecimientos privados, sin mencionar el grave impacto a mediano plazo.

Me gusta pensar que los habitantes de ciudades como Barcelona o Venecia no aborrecen al turista, sino al turista irresponsable. De cierta manera, viajar se ha simplificado tanto en las últimas décadas que cada vez exige un menor esfuerzo por parte del viajero; en muchos casos, lo que antes se consideraba una travesía, ahora es un paseo lleno de comodidades y lujos. No obstante, esos mismos elementos que nos han facilitado el hecho de viajar son los que parecen estar condenando la industria: turistas desinformados que no respetan las normas locales ni las costumbres antiguas, que no tienen idea del sitio que están pisando y que exigen ser atendidos de manera pronta y especial por el simple hecho de que ya pagaron su viaje. Si bien viajar se trata de vivir experiencias especiales, no debemos olvidar que visitar un país no es entrar a Disneyland, sus habitantes no están a nuestro servicio ni para desearnos «un día mágico» cada vez que nos cruzamos caminando. Los países y sus ciudades son sitios reales, con vida, con habitantes que como nosotros se ganan el pan todos los días y luchan por su lugar en el mundo.

En una ocasión, caminando por las calles de Venecia, vi un letrero pegado en la puerta de una de las tantas tiendas de papel veneciano que hay en la ciudad. El papel marmoleado de Venecia es famoso en el mundo por su técnica y belleza, es un gran *souvenir* artesanal que puede llevarse en forma de libreta, sobres, fólderes y más. El letrero hecho a mano, escrito en inglés y puesto a primera vista en la parte superior de la puerta de cristal era sorpresivamente hostil y de verdad directo: «Estas son las preguntas más frecuentes y que estoy harto de contestar», seguido de una serie de preguntas como «¿El papel se hace en Venecia?», «¿Está hecho a mano?», «¿Aceptan euros?». Me pregunté qué grado de cansancio debía tener el dueño de esa tienda para poner un letrero que fácilmente podría ahuyentarle clientes, la mayoría de ellos, turistas. Supongo que el hartazgo era suficiente como para no importarle dejar de vender unas cuantas libretas. Me pareció alarmante que allí donde viajar debería ser recibido con gozo y hospitalidad, la sobrepoblación de visitantes estaba convirtiendo la calidez en hostilidad; eso es algo preocupante. Este tipo de situaciones pueden incentivar los prejuicios sobre los locales, creando una mala experiencia en el visitante, que pudiera regresar a casa diciendo: «Los venecianos son insoportables», el mismo dueño de la tienda podría decir: «Los turistas son insoportables» o, peor aún: «Los turistas de tal o cual nacionalidad son insoportables», sumando así un granito más al prejuicio, el alimento favorito de la xenofobia.

Del mismo modo, los prejuicios representan un peligro para el viajero responsable que intenta respetar los lugares que visita y por supuesto su contexto. Viajar con una imagen preconcebida puede nublar nuestra oportunidad de ver la realidad con nuestros propios ojos. Una realidad que aunque vista y experimentada desde nuestra limitada perspectiva es mucho más amplia que un prejuicio creado para generalizar y englobar de manera injusta. Los mexicanos nos la pasamos luchando contra el prejuicio de que México son solo narcotraficantes, burros y sombreros, una imagen común que tienen de nosotros en otras partes del mundo, pero quien viaja a nuestro país libre de prejuicios, descubre que México es mucho, mucho más que eso.

Debemos deshacernos de todo lo que hemos escuchado sobre otras nacionalidades, alejarnos del cliché y del discurso repetido, no porque los prejuicios siempre estén equivocados, sino porque suelen estar incompletos. A la hora de viajar, lo mejor es estar informados y no llegar como una página en blanco, abiertos a recibir experiencias nuevas.

El turismo responsable ha arrojado también temas importantes como el cambio climático, el uso de los aviones y los combustibles renovables, las interacciones éticas con animales y el veganismo. Todos estos tópicos están tan polarizados que las discusiones al respecto suelen encallar en un peligroso terreno de incongruencia del que nadie queda a salvo. No hay nadie perfecto y el simple hecho de respirar y consumir ya hace que nuestro impacto en la tierra afecte. Sin embargo, hay muchas cosas que podemos hacer para disminuir ese impacto sin sacrificar nuestros anhelos viajeros.

Si bien son el método de transporte más seguro y rápido que existe, los aviones son uno de los mayores productores de CO_2 en el mundo. Según *National Geographic* el turismo aporta 11% de las emisiones de CO_2 del planeta y la mayoría de ese porcentaje es producto de los vuelos. Así que, en un acto de congruencia ecológica, si queremos ser turistas responsables debemos evitar usarlos lo más posible. Sí, suena contradictorio porque viajar y subirse a un avión parecen ir *junto con pegado*, pero claro que hay opciones de transporte que podemos considerar. Por ejemplo, si quieres hacer un recorrido por Europa considera usar el avión solo para tu llegada y salida y hacer el resto del recorrido en tren o autobús. Si vas a rentar un auto considera la opción de rentar uno híbrido o eléctrico.

Aclaro, no sugiero que seamos radicales pues, respecto al tema, yo no me considero un extremista; si no hay otra opción de transporte, se puede reponer la huella de carbono que ha provocado tu viaje a través de varias empresas que hacen un cálculo de la distancia de tu vuelo y tienen programas de reforestación de árboles para contrarrestar esa huella. No es económico, pero sí responsable. Aunque la efectividad de los resultados de estas compensaciones aún no es por completo clara, todo apunta a que sí hace la diferencia. Sin embargo, no debe tomarse como una solución definitiva y la responsabilidad de las empresas en crear combustibles más ecológicos no debe quedar ignorada por este tipo de acciones.

Por otro lado, la ética animal es un tema bastante complejo al que le he dedicado años de estudio y en el que, si soy sincero, no he logrado tener criterios completamente definidos. A lo largo de la historia humana los animales se han usado para proveer comida, abrigo, trabajos forzados y hasta entretenimiento. Conforme hemos avanzado como sociedad nos hemos dado cuenta de que muchas de estas actividades no son precisamente éticas y hemos dado los pasos necesarios para eliminarlas o modificarlas, pero en el proceso hemos chocado con intereses culturales muy complejos que dividen las opiniones.

Hay algunos casos en los que la problemática es clara, como en los circos con animales, de los que, por fortuna, cada vez existen menos, aunque en algunos países como México la prohibición no haya sido acompañada de un buen plan de soporte para el futuro de los animales ahora desempleados. Los zoológicos son también un tema controversial con el que el viajero asiduo se topará tarde o temprano, pues suelen ser una atracción muy popular en varias ciudades del mundo. En este caso, en lo personal creo que no todos los zoológicos son iguales y que hay lugares buenos y malos. En la mayoría de los que he visitado, como el de Singapur o el espectacular San Diego Zoo, he podido ver cómo se han modificado las prácticas gracias a la opinión pública y los animales, aunque en cautiverio, tienen una mejor calidad de vida. Por otro lado, cuando visité Mongolia, conocí el exitoso caso de reintegración de un caballo salvaje extinto en ese país que volvió a sus parques nacionales gracias a varios zoológicos del mundo que conservaban y donaron varios ejemplares, un animal extinto en su hábitat fue exitosamente reintegrado gracias a los zoológicos.

Se han logrado varios avances al respecto. En 2016 Sea World anunció la interrupción del programa de reproducción de orcas en cautiverio y la ampliación del hábitat de las ya existentes. Al ser imposible la liberación de estos ejemplares, pues no sobrevivirían en condiciones salvajes, son prácticamente los últimos en cautiverio que podremos ver en la historia. Hay muchas personas que han llamado a sabotear este parque de atracciones y es evidente que la presión pública ha sido de gran ayuda, pero no estoy tan seguro de que provocar el fracaso económico de estos sitios sea lo mejor para estos animales que, bien o mal, vivirán el resto de su vida encerrados. ¿No es preferible darles la mejor vida posible? Y si no hay dinero, ¿cómo lograrlo? El mundo está cambiando, nosotros estamos cambiando. Sin embargo, aún falta mucho por hacer, como lo demuestra el caso de los delfines que, en países como México, se siguen reproduciendo y explotando con fines de lucro en la industria turística, siendo este un negocio en extremo lucrativo.

Tradiciones como la tauromaquia, las carreras de animales y la cacería, sobre todo en África y Canadá, ofrecen argumentos que, en apariencia, pueden sonar convincentes. El dinero que los cazadores pagan para poder dispararle a un animal en una reserva supuestamente es usado para la conservación de esa reserva. Algunas personas lo ven como un sacrifico necesario, la muerte de un animal para que muchos otros puedan vivir. Difícil no ver lo controversial de esta postura. En la mayoría de los casos parece ser que el interés general es la conservación, pero ¿cómo lograr esto sin recursos económicos?

El tema es complejo y tiene tantos puntos de vista que yo prefiero ser cuidadoso antes de dar una opinión o declarar una posición al respecto. Lo que me tranquiliza es que se está avanzando y cada vez somos más conscientes y la conversación está sobre la mesa. El cambio es evidente.

Viajar en el siglo XXI

Para mí, los viajes son un vehículo para cumplir nuestros sueños, por lo tanto cada vez es más fácil cumplirlos. La tecnología nos ofrece posibilidades casi infinitas y mientras surge una nueva app para encontrar vuelos en oferta, se crea otra para hospedarte en casa de un desconocido y dormir en su sofá sin costo alguno; esto podría hacernos pensar que nos enfrentamos a un mundo cada vez más cercano y menos desconocido. En unas horas llegamos a una ciudad en la que ya nos espera un departamento con todas las comodidades a las que estamos acostumbrados, podemos tomar el metro o un autobús para desplazarnos como lo hacemos todos los días en nuestro lugar de origen y encontramos restaurantes familiares; todo con la finalidad de sentirnos seguros. El planeta se está adaptando a nosotros. Las comodidades del mundo moderno diluyen la frontera del cambio cultural y geográfico edulcorando las diferencias con una aparente familiaridad. Sin embargo, el misterio de lo lejano ha logrado mantenerse vigente y salir de casa sigue siendo no solo excitante sino mucho más cómodo y accesible que antes.

El comercio de lo intangible está en ascenso y nos han etiquetado como la generación que prefiere las experiencias a las pertenencias. Formamos parte de aquellos que, a diferencia de nuestros padres, renunciamos a estar sentados en un escritorio ocho horas del día mientras vemos la vida pasar. Estamos convencidos de que somos más gozadores, sabios e inteligentes y que, además, nos lo merecemos todo. ¿Es esto cierto?

Responsabilidad compartida

Cuando llega el momento de elegir un destino, un hotel, un vuelo o un recorrido, tenemos presente cada día más el tema del turismo sustentable. Siempre hay más viajeros conscientes de que sus decisiones al momento de viajar importan e impactan. Por supuesto que hay personas a las cuales la responsabilidad de viajar les importa un pepino, pero hay otras para quienes tomar decisiones a conciencia es importante. Sin embargo, no todo es responsabilidad del viajero, hay una responsabilidad compartida.

¿A qué llamo responsabilidad compartida? A que hay dos actores que comparten la responsabilidad de hacer del turismo una industria que genere el menor impacto posible en el ambiente y un impacto positivo a las comunidades y núcleos urbanos en que se opera. Uno de esos actores son los viajeros; el otro, los gobiernos que regulan la industria turística. El viajero puede elegir un hotel que presume ser ecoturístico o contar con certificados de procesos sustentables de operación, pero son los gobiernos y la industria turística los que deben garantizar que esos hoteles en verdad cumplan con las normas y no sea solo una etiqueta con fines de mercadotecnia. Los viajeros no podemos cargar con la responsabilidad de los gobiernos y la industria turística, pero sí podemos influir en esas prácticas al tomar decisiones mejor pensadas.

Sin querer meterme en temas de corrupción y mayores complejidades del mundo de la política, es importante tratar de ser lo más objetivos posibles y es ahí donde se complica todo. Pero al final en la vida todo es un acto de confianza y en el entendimiento de esta responsabilidad compartida encontraremos exactamente qué hacer. Un viajero debe ser responsable de sus decisiones y consciente de cómo estas afectan el lugar que visita. El viajero puede (y debe) elegir no nadar con delfines en cautiverio, pero es responsabilidad de los gobiernos hacer algo para prohibir esta práctica. Y si los gobiernos o la iniciativa privada no hacen nada, podemos estar tranquilos de que nuestras decisiones impactarán en el futuro.

La responsabilidad compartida no quiere decir que esté una disociada de la otra. Al contrario, se alimentan. Por supuesto que los gobiernos están al pendiente del comportamiento de los viajeros, de sus gustos y de sus hábitos de consumo y responden ante ello. Al final, el turismo es una industria y esta se adapta a las necesidades del mercado. Por ello es importante informarnos y no solo eso, también revisar y verificar la información que consumimos, pero de ello hablaré más adelante.

Sería también un error pensar que las decisiones de los gobiernos o de la industria siempre son las correctas. Debemos cuestionar todo, incluyendo lo que nosotros creemos. No porque algo sea legal o esté permitido en un país quiere decir que es correcto, ético o responsable. Ahí debe entrar el criterio de cada viajero para juzgar cada una de sus decisiones a conciencia.

Un gran ejemplo de esto son los santuarios de elefantes en Tailandia. Durante muchos años, incluso siglos, los elefantes en Tailandia fueron usados para realizar trabajos pesados, eran las grúas de la antigüedad; algunos locales dicen que

Tailandia literalmente fue construida a lomo de elefante. Conforme avanzó el tiempo, muchos de estos elefantes fueron usados en la industria maderera para transportar enormes troncos y, con la llegada del turismo, los elefantes comenzaron a formar parte de espectáculos y de múltiples paseos en cuyo lomo los visitantes de todas partes del mundo podían recorrer bosques o ciudades, algo muy atractivo para ojos extranjeros.

Hace unos años un grupo de activistas comenzó a hacer campañas de concientización sobre el maltrato al que son sometidos los elefantes para poder domarlos. Estas prácticas, aunque ancestrales, tienen como objetivo doblegar el alma del paquidermo desde muy temprana edad. Los métodos en efecto son agresivos y muy crueles. Estas campañas de concientización ayudaron a que muchos turistas dejaran de contratar recorridos a lomo de elefante, pero estos elefantes «retirados del turismo» tienen una cuota de mantenimiento muy alta por lo que se crearon santuarios donde los gigantes animales pueden estar de cierta forma sin trabajar y gracias al dinero de los turistas pueden vivir en condiciones óptimas.

De entrada, todo suena maravilloso. Animales rescatados de la industria maderera y turística para vivir una vida digna siendo observados por los turistas. El modelo de negocio fue un éxito y los santuarios comenzaron a pulular en el país y en el resto del sudeste asiático, en un conjunto de acciones, en apariencia, positivas. Los turistas, principalmente europeos, rechazaron las prácticas de montar elefantes y optaron por un turismo más ético visitando los santuarios. Este modelo incluso fue copiado en otros países.

Visitar un santuario de elefantes, en efecto, es una gran experiencia. En lugar de montarlos, puedes observarlos comer, caminar con ellos y la mejor parte, compartir un divertido baño en el río. Cuando visité el santuario más famoso de

Chiang Mai en Tailandia, la experiencia, si bien maravillosa, me dio la sensación de que los elefantes en realidad no dejan de trabajar, al final de todo, las actividades mencionadas no son espontáneas y los paquidermos son llevados y guiados para que hagan lo que los turistas esperamos; aunque todo tiene un enfoque educativo, hay algo de espectáculo en esto que no esperaba. El sabor fue agridulce y tuve muchas preguntas. Quizá esta opción sea la más ética y sostenible para poder conservar a estos gigantescos animales que pueden llegar a comer 350 kg al día, que sin dinero no podemos conservar. Así que una forma de «trabajar» para ellos es la manera en que pueden obtener los recursos para darles una vida más digna de la que tenían.

Otro lado no tan maravilloso es que hace unos años comenzaron a haber denuncias de santuarios falsos donde durante el día los turistas «conscientes» visitaban a los elefantes con actividades consideradas éticas y por la tarde esos mismos animales eran sometidos para cargar turistas en el lomo y hacer recorridos. Muchas personas se aprovecharon del título de santuario que no contaba con ningún tipo de regulación para hacer negocio y engañar a los turistas. Aquí es donde se explica perfectamente la responsabilidad compartida. El turista responsable elige visitar un santuario en lugar de montarse en un elefante maltratado, y en teoría el gobierno de Tailandia debe garantizar que todos los sitios con el título de santuario en realidad lo sean.

Este ejemplo nos deja en claro que las decisiones del visitante importan y que la industria se modifica de acuerdo con el comportamiento y las decisiones de los visitantes. Por ello considero que los viajeros debemos informarnos y educar nuestro criterio para tomar mejores decisiones dentro del margen de lo que a nosotros corresponde. Este criterio se amplía así, leyendo y viajando, informándonos. Pero ¿cómo educarnos en un mundo donde la saturación de información y las noticias falsas están a la hora del día?

Cómo consumir información

Todos los días somos bombardeados con toneladas de información que nuestro cerebro no tiene la capacidad de procesar, recordar o analizar a profundidad. Las redes sociales nos alimentan de recetas, lugares, fotos, noticias, testimonios, humor e historias a una velocidad nunca antes vista por un ser humano. Según los científicos una persona puede consumir hasta 74 gigabytes de información en tan solo un día, entre videos, fotografías, noticias y más. Esta es una cantidad alarmante que algunos llaman «infoxicación», haciendo un juego de palabras entre información e intoxicación. Es tanta la información que ya estamos saturados, intoxicados. Haciendo que cada vez consumamos de manera más veloz, superficial y sobre todo sin verificar su veracidad, lo que puede provocar que nos lleguemos a creer noticias falsas con muchísima facilidad. Ahora la mayoría de la gente solo lee el encabezado de las noticias sin llegar a importarle el contenido; en el entendido de que esos encabezados están diseñados para llamar la atención, muchos de ellos resultan tramposos, engañosos y hasta falsos.

En lo que respecta a los viajes la información que consumimos es vital. No solo nos ayudará a tomar mejores decisiones, también potenciará nuestra experiencia durante el viaje. Esa información también podrá ahorrarnos dinero y tiempo. La responsabilidad recae entonces en la conciencia de que debemos ser curadores de la información que recibimos y esa curaduría no debe basarse en nuestras creencias ni ideologías sino en datos.

El libro *Factfullness* de Hans Rosling es una guía increíble para saber digerir la información que consumimos cada día, información que estadísticamente demuestra que todos (particularmente los países desarrollados) tenemos una visión más catastrófica del mundo de lo que realmente es.

Una de las maneras más fáciles para consumir información que recibimos es que si hay algún dato, noticia o tema que nos llame la atención tratemos de contrastar toda la información, buscar el otro lado de la historia o corroborar si esa información es correcta. Y es muy fácil hacerlo, para eso está Google. Basta con una simple búsqueda de las palabras correctas para darnos cuenta de que los encabezados a veces mienten y que una misma noticia puede ser leída de muchas formas.

Un caso que me llamó mucho la atención, aunque no tiene que ver con viajes pero es un ejemplo perfecto de cómo las noticias pueden ser tergiversadas y, en casos desafortunados, nunca desmentidas, es un curioso caso en Canadá sobre zoofilia. Decenas de encabezados de importantes medios de comunicación decían: «Canadá legaliza la zoofilia». ESCÁNDALO. Canadá es uno de los países más progresistas del mundo, una nación donde la comunidad LGBTQ+ goza de todos los derechos, hay programas muy avanzados sobre infancias trans y la marihuana puede consumirse en todo el país. Este encabezado escandaloso y controversial rondó, y sigue rondando, en las redes sociales, en especial entre grupos de ideologías de derecha que ven el progresismo como la destrucción de la sociedad, usando como ejemplo esta noticia para anunciar la catástrofe que se viene si permitimos que las minorías tengan derechos. A todo mundo nos asustaría que algo como la bestialidad se legalizara en cualquier parte del mundo. Pero entonces ¿la noticia es inventada?

La noticia es una verdad a medias, una versión por completo tergiversada de lo sucedido. Canadá nunca legalizó la zoofilia, lo que sucedió fue lo siguiente: un hombre de Columbia Británica fue acusado de obligar a una joven a realizar actos sexuales con un perro en 2010. Sin embargo, el abogado del acusado encontró una interpretación amplia en el código penal de Canadá, que describía la bestialidad como el acto sexual penetrativo con animales, por lo tanto, argumentó que su cliente no había cometido ningún delito de esa índole porque no había existido penetración. Esta laguna u omisión legal fue usada por varios medios para decir «Canadá legaliza la zoofilia» cuando en realidad era una falta de una definición más concreta de la ley que tenía más de 100 años. En 2019 la ley fue modificada y hoy por hoy cualquier interacción de índole sexual con animales está penalizada.

Lo curioso es que la noticia sigue rondando en las redes y muchas personas, con solo leer el encabezado, la dan por cierta. Así como este caso hay muchísimos que poquísima gente se toma la molestia de verificar.

Otra forma de informarse con responsabilidad es verificar las fuentes. Si la página de la embajada de Canadá asegura que necesitas ciertos requisitos para poder viajar, es muy probable que esa información sea más correcta que la que te da tu amigo que viaja mucho o lo que viste en un TikTok. Busca fuentes confiables y oficiales. Y siempre que puedas verifica la información con otra o varias fuentes. ¿Vivimos en la era de la información o de la desinformación?

El problema de la desinformación es que las noticias falsas se esparcen como pólvora y este tipo de noticias son las que ayudan a que los prejuicios se promuevan y se den como verdades absolutas. El caso más reciente, el mundial de Qatar.

QATAR 2022

He viajado a Qatar en dos ocasiones, una en marzo de 2022 para documentar las opciones de turismo que hay en el país y otra para vivir la Copa del Mundo. No soy fan del país, pero la oportunidad de vivir una Copa del Mundo era una experiencia que no quería perderme.

Esta Copa del Mundo estuvo rodeada de muchísimas controversias. Acusaciones de corrupción de la FIFA, las restricciones sobre el alcohol, las controversiales leyes de Qatar que atentan contra los derechos humanos y las muertes relacionadas a la construcción de los espectaculares estadios.

Empezaremos diciendo que todas estas son reales. Las leyes de Qatar no son solo estrictas sino que, hay que decirlo, ponen a la mujer en un escalón debajo del hombre en cuestiones de derechos. Las mujeres de hasta 25 años necesitan pedir un permiso a su padre, hermano o tutor masculino para poder salir del país, cosa que los hombres no necesitan. Y ni hablar de los derechos de la comunidad LGBTQ+, que son inexistentes. Ser homosexual en Qatar es un delito que puede castigarse hasta con la pena de muerte, aunque no existe registro de que se haya aplicado. El alcohol, al ser un país musulmán, está limitado a los bares y restaurantes de los hoteles. Por otro lado, el tema de las muertes en la construcción de los estadios es el más delicado. Por una parte, el diario *The Guardian* publicó un artículo en el que mencionó más de 6 000 muertes relacionadas con la industria de la construcción en Qatar enfocada en la infraestructura para la Copa del Mundo. El secretario general del Comité Supremo de la Organización y el Legado de Qatar 2022, es decir, el organismo organizador del torneo, Hassan Al Thawadi, reconoció la muerte de «entre 400 y 500 trabajadores migrantes» en obras relacionadas con la preparación del torneo. Quizá nunca sabremos el número real.

En ningún momento es mi intención defender a un país como Qatar, y en mi opinión el hecho de que se haya llevado a cabo la Copa del Mundo en esta nación ha puesto sobre la mesa temas como los derechos LGBTQ+ y de las mujeres y provocó, más que nunca, que la conversación girara en torno a algo mucho más allá del futbol. Pero el prejuicio que tenemos hacia los países árabes está demasiado arraigado y es difícil hacer cambiar de opinión a alguien que no ha visitado alguno de estos países.

Al llegar al Mundial varios seguidores me acusaron de incongruente. Siempre he defendido los derechos de la comunidad LGBTQ+ a la que pertenezco, los derechos de las mujeres y en general deseo un mundo más justo. Pero mi trabajo es viajar y si limitara mis viajes a países que comparten mi ideología, probablemente no podría salir a casi ningún lado. Todas esas personas que me criticaron por visitar Qatar en realidad no conocen mi trabajo. Qatar no es el primer país con leyes de este tipo que visito: uno de mis primeros viajes en mi canal es Marruecos, un país también árabe y con leyes similares. Singapur, por ejemplo, es un estado con leyes (algunas absurdas), en el que hasta noviembre de 2022, las relaciones sexuales entre hombres eran un delito.

Al momento de escribir este libro 69 países consideran la homosexualidad como un delito y he visitado varios de ellos, los he recorrido, los he disfrutado y de todos ellos tengo videos en mi canal, dicho sea de paso, sin ningún reclamo de mis seguidores. ¿Por qué? Pues no lo sé a ciencia cierta, pero considero que la respuesta es porque no lo sabían. De hecho, hay países con leyes tan o más duras que Qatar de los cuales sabemos poco porque allí no se lleva a cabo ninguna Copa del Mundo. La indignación por moda no cambia al mundo.

La enorme mayoría de ocasiones nos dejamos llevar por lo que los demás dicen. A veces el chisme, o lo que escuchamos, puede ser más poderoso que la verdad misma. Es impresionante lo manipulables e influenciables que somos cuando solo leemos encabezados, y creemos cualquier noticia sin cuestionarla y nos llenamos la cabeza de prejuicios y preconcepciones de gente, lugares y naciones sin siquiera meditar si esto es correcto.

Un claro ejemplo es un caso sucedido en Qatar, cuando se hizo viral en redes un video de un mexicano metiendo de contrabando una botella de alcohol al país. A los pocos días, una noticia se esparció con velocidad por las redes donde se decía que el mexicano había sido detenido y que sería condenado a 30 latigazos en la plaza pública. La noticia era falsa, completamente falsa, pero todavía hoy en día mucha gente la considera verdadera, porque encaja a la perfección con su prejuicio, con lo que ha escuchado del país.

Con esto no quiero decir que estas leyes sean correctas, para nada, la equidad y los derechos humanos no deberían ser negociables, pero muchos de estos países tienen leyes que no aplican o aplican rara vez. En Bali, uno de los destinos turísticos más famosos del mundo, la homosexualidad no es legal, pero hay un par de clubes nocturnos para la comunidad LGBTQ+ con *drag queens* y todo y la policía simplemente se hace de la vista gorda.

Por otro lado, atacar a todas las personas aficionadas al futbol, creadores de contenido e incluso selecciones por asistir a Qatar es una tontería. A quienes se debe cuestionar y presionar es a las autoridades que decidieron que Qatar fuera sede y, en dado caso, protestar en su contra. Son 50 personas las que votaron por esto: en esas 50 personas recae la responsabilidad de no hacer eventos de esta magnitud en países donde los derechos humanos no son respetados. Es mucho más fácil atacar a estas votantes que a los millones que decidimos ir al Mundial. Gente aficionada al futbol que lleva años ahorrando para este evento, selecciones y jugadores que sueñan con jugar y ganar una Copa del Mundo, prensa y creadores de contenido cuyo trabajo es documentar lo que pasa. Porque, además, nosotros no podíamos hacer mucho más que compartir lo que sucedía y documentar de primera mano la experiencia real.

Hay que ser más inteligentes y presionar los botones correctos. El activismo de escritorio sirve de poco y suma mucho a la tremenda división que yace latente en prácticamente todo el mundo.

No tengo nada en contra de las personas que no fueron a Qatar como protesta, pero no sirvió de mucho. Solamente ellas se sienten más tranquilas consigo y eso está bien. Pero viajando he descubierto que los malos no son tan malos y los buenos no son tan buenos y mientras personas de Estados Unidos acusan a Qatar de castigar la homosexualidad con la pena de muerte, un tiroteo en un antro LGBTQ+ en Colorado deja cinco muertos. Y ahí entendemos que en todos los países aún falta mucho por hacer.

Lo que nos enseñó la pandemia

La pandemia nos dio varias lecciones. Muchos aprendimos a estar solos, a tener paciencia, a convivir y a dar tiempo de calidad, a valorar a nuestros seres queridos y añorar esos días donde viajábamos con libertad. Hoy, al momento de escribir este libro, el mundo se parece un poco más al que teníamos antes de marzo de 2020, pero aún faltan muchas cosas por hacer y por aprender.

En cuanto al turismo se refiere la pandemia dio muchísimas y grandes lecciones. La industria turística fue una de las más afectadas por las cuarentenas, en un momento histórico que probablemente (y ojalá) nunca repitamos, el mundo entero estaba guardado en casa sin poder viajar ni salir de ella más que para acciones elementales. El mundo por unos meses se quedó sin turistas y al mundo le vino bien.

Durante la pandemia y en ausencia de millones de visitantes, varios sitios mundialmente famosos comenzaron a ver importantes cambios, los canales de la hermosa ciudad de Venecia empezaron a ver un drástico cambio en el color del agua. Incluso en algunas partes hasta se podía ver el fondo; gracias a la ausencia de cientos de embarcaciones y actividad en la ciudad, los canales de uno de los sitios más visitados del mundo estaban limpios.

En Tailandia, la famosa playa Maya Bay, en las paradisiacas islas Phi Phi, vio también un cambio espectacular: durante la temporada alta y debido a la enorme fama que esta playa alcanzó como locación de la película *The Beach* dirigida por Danny Boyle y protagonizada por Leonardo DiCaprio, justo después de convertirse un fenómeno global gracias a *Titanic*, recibía unos 5000 visitantes diarios, un sobrecupo para una bahía relativamente pequeña. El daño causado por los miles de visitantes y sobre todo por los botes a motor que llegaban a la playa como medio de transporte comenzó a afectar el ecosistema de esta pequeña isla, que además es un parque nacional. Debido a esta afectación, el gobierno de ese país decidió cerrar la playa para su recuperación, y aunque el cierre ocurrió antes de la pandemia, fue esta la que provocó que el tiempo que se tenía estimado para la recuperación se multiplicara, logrando enormes avances. A los pocos meses los tiburones volvieron a esta bahía, estos preciosos animales que, por desgracia, tienen una pésima fama debido a la película de Steven Spielberg *Tiburón* y muchas otras donde los ponen como unos depredadores de humanos, son una señal inequívoca de la salud de los océanos, así que si hay tiburones quiere decir que la playa se está recuperando. Cuando las restricciones de viaje comenzaron a ceder, el gobierno de Tailandia puso un reglamento más estricto para visitar este precioso lugar, las lanchas y botes ya no podrían acceder directamente a la playa, sino que debían dejar a los visitantes en un pequeño muelle en la parte posterior, evitando así la contaminación del agua, al menos en la frágil bahía. El número de visitantes se restringió y ahora solo una fracción de quienes lo visitaban antes puede entrar cada día a Maya Bay. En mi opinión este es uno de los mejores ejemplos de recuperación de sitios naturales que hay. Un lugar que, a partir de un medio internacional como es el cine, provoca a millones de personas visitarlo, pero esas mismas personas amenazaban con acabar con la belleza que en un principio las había atraído. La intervención del gobierno, aunque quizá un poco tardía, logró un maravilloso objetivo.

Los gorilas en Uganda son otro esperanzador ejemplo de programas dc ccoturismo que impactan de forma positiva. Los gorilas de montaña en África Central son una especie en peligro de extinción que fue estudiada a conciencia por Dian Fossey, quien se hiciera famosa internacionalmente por «vivir con los gorilas». Aquí vemos de nuevo la exageración de la prensa creando una nota con datos incorrectos. Dian Fossey no vivía con ellos, los visitaba todos los días por varias horas para observarlos y estudiarlos. Gracias a su trabajo, hoy conocemos mucho sobre estos impresionantes primates. Para poder estudiarlos, los grupos de gorilas debían habituarse a la presencia humana, esto para que los científicos no fueran atacados por los gorilas, en especial por el macho alfa, el imponente gorila espalda plateada. Gracias a que algunos grupos de gorilas están acostumbrados a los humanos es que fue posible estudiarlos. Incluso interactuar con ellos.

Dian Fossey no estaba de acuerdo con que el gobierno se aprovechara de la oportunidad que representaban los grupos de gorilas habituados a humanos en el ámbito turístico. Ella siempre se opuso a que esto sucediera. Pero finalmente sucedió y fue un éxito. La mayor amenaza, para los gorilas de montaña en Uganda y otros países, es la caza furtiva. Cada año cientos de gorilas eran asesinados para venderlos en el mercado negro. Esta triste situación era producto de las precariedades que existen en esta parte del mundo; la caza y venta de gorilas era mucho más rentable que cualquier otro trabajo. Por fortuna, los programas ecoturísticos para visitar a los gorilas ofrecían una nueva y fascinante posibilidad, darles empleo a los locales que antes cazaban de manera furtiva para que tuvieran un ingreso digno y con ello eliminar la caza ilegal, funcionó.

Parte del éxito de este programa es que el número de turistas que cada día pueden visitar a las familias de gorilas es muy reducido, alrededor de 80 personas por día. Por ello, el precio por hacer esta actividad es bastante alto: unos 1500 dólares estadounidenses por persona, por día, pero de este modo se logra el objetivo de conservación e impacto positivo en la comunidad, generando empleos e ingresos dignos que evitan la caza ilegal, y los gorilas se benefician al quedar protegidos por el gobierno. Es importante decir que no todos los grupos existentes de gorilas están habituados a los humanos. En Ruanda solo 10 grupos o familias pueden ser visitados cada día por turistas de todo el mundo por únicamente una hora, el resto del tiempo se les deja libres. Aunque Dian Fossey estuvo en contra de esta actividad, estoy seguro de que estaría feliz con los resultados que ha dado.

Por supuesto que los ejemplos mencionados no están exentos de controversia y hay personas que tienen opiniones más radicales. Pero vale la pena escuchar todas las posturas y sopesarlas para que tomes tu propia decisión. Y ya que todos y cada uno de nosotros tenemos una opinión diferente, el concepto de turismo responsable es tan complejo. Lo que para unos es una actividad ética y correcta para otros no lo es. En estos casos es mejor escuchar al consenso y eliminar los discursos más extremistas y radicales para tener mayor objetividad en nuestras decisiones.

El turismo responsable nos compete a todos y aún estamos aprendiendo. Entender qué parte nos toca hacer y comprometernos en ello es prácticamente una obligación de todo viajero. Es complicado, a veces frustrante y muchas veces en extremo confuso. No te estreses, poco a poco iremos entendiendo de qué se trata y cómo podemos generar una industria que impacte menos a nivel ambiental en los sitios y que impacte de forma positiva en las comunidades y ciudades. Un gran reto, pero si cada uno hace su parte, lo lograremos.

LECCIÓN 7

LA DIVERSIDAD HACE BELLO AL MUNDO

Varanasi no es un sitio recomendable para aquellos que se impactan con facilidad. India ya de por sí es una nación que puede crear un choque cultural en cualquier persona que tenga la fortuna de pisarla, sobre todo viniendo del mundo occidental. Aun dentro de India, Varanasi es punto y aparte. En este lugar, la expresión «un asalto a los sentidos» cobra un significado especial. Conocida antiguamente como Benarés, esta ciudad se encuentra en el sur de India, a orillas del río Ganges, un río sagrado para la religión hinduista que es venerado por millones de personas. He tenido oportunidad de visitarla en dos ocasiones y ambas han sido tan gratificantes como impactantes.

En mi primera visita no sabía qué esperar. Mi amiga Alejandra y yo solo habíamos escuchado de otros viajeros que era una parada obligada en India y nos advirtieron que sería algo muy impresionante. Sabíamos que Varanasi es el lugar más sagrado del país y que el acumulado de folclor, esoterismo y religión eran algo digno de observar por lo menos una sola vez en la vida, así que no dudamos en incluirlo en nuestro itinerario.

A Varanasi llegamos en tren, un viaje nocturno en segunda clase que nos permitía tener una cama dura donde descansar. No había cabinas, las literas estaban acomodadas en filas paralelas a lo largo del vagón y estaban divididas por cortinas de tela que parecían no recordar la última vez que fueron lavadas. Alejandra y yo teníamos una litera con una cama para cada uno. Ella estaba en la parte superior y yo debajo. Nuestros vecinos eran dos viajeros solitarios, una mujer de unos 70 años que apenas nos volteaba a ver y un hombre de alrededor de 30 que sonreía demasiado y nos provocaba desconfianza; ambos originarios de la India.

El bullicio del vagón me recordaba más a un mercado que a un tren. El viaje duraba 13 horas y la mayoría de los viajeros llevaba consigo víveres para el trayecto. Cuando llegó el momento de dormir, Alejandra se rehusó a usar su litera superior. «No quiero dormir sola», me dijo con una voz entrecortada que asomaba preocupación. Así que ambos dormimos apretaditos en una cama que apenas podía albergar a una persona. No había sábanas ni almohadas. Si queríamos cambiar de posición teníamos que ponernos de acuerdo para hacerlo al mismo tiempo, como si se tratara de una coreografía. Nuestro sonriente vecino nos observaba con curiosidad y no escatimaba en reírse profusamente de nosotros de manera tan descarada que parecía que ni Alejandra ni yo estábamos presentes. La señora de 70 años fue la primera en dormirse y, a partir de ese momento, musicalizó la mayoría del trayecto con unos profundos y escandalosos ronquidos francamente difíciles de asociar con su diminuto cuerpo. No tuvo ninguna pena en roncar por otros orificios varias veces durante el viaje. Ale y yo apenas logramos dormir, pero por lo menos nos quedó una anécdota que contar.

Llegamos a Varanasi al amanecer y nos fuimos al hotel a descansar un poco y recuperar las horas de sueño que el tren nos debía. Así que ese día no vimos mucho de la ciudad. El gran espectáculo nos esperaba al día siguiente.

Nos levantamos a las cuatro de la mañana para llegar al Ganges y tomar un pequeño bote de madera tirado a remos. Esta es una actividad que hacen prácticamente todos los visitantes a esta ciudad. Ver el amanecer a bordo de una embarcación, en medio de un silencioso río en uno de los lugares con más misticismo del planeta era una experiencia que queríamos vivir. El bote no nos daba confianza: como en aquella litera, apenas cabíamos, la madera parecía vieja y no había ningún tipo de chaleco salvavidas que pudiéramos divisar. Pero nos subimos. El espectáculo sensorial comenzó desde que pusimos un pie en la barca.

Algo tiene el cielo de la India que pareciera nunca estar del todo despejado, como si existiera un velo misterioso, una gasa gigantesca que difumina la luz del sol y envuelve el ambiente en una especie de neblina de dudosa procedencia. La luz del sol era amarilla tirándole a naranja y, por momentos, al rosado. Las siluetas de los otros botes turísticos aparecían a lo lejos, contrastadas con el horizonte, mientras avanzaban por el río con un silencio encantador. Los sonidos comenzaron a llegar con el avance de la mañana, como música en una escena mística de una película exótica.

El Ganges no solamente es el río más sagrado de la India, es uno de los ríos más importantes del mundo, nace en los Himalayas y desemboca en el golfo de Bengala, formando el delta más grande del planeta. Se cree que su agua purifica y limpia de pecado a aquellos que la beben o se bañan en ella. Es una vena de vida para el país por la que circulan el origen y la muerte.

Lo primero que escuchamos fueron golpes de tela mojada sobre enormes piedras a la orilla del río. «La lavandería», dijo nuestro guía. Aquí, a orillas del Ganges y sin ningún tipo de maquinaria moderna, la gente viene a lavar su ropa todos los días, incluso los hoteles lavan así sus sábanas, toallas y otros blancos. Los golpes eran secos y duros, la espuma del jabón se esparcía con cada azote entre la roca y el agua del río. A simple vista no parecía una actividad fácil.

El río tiene una corriente tranquila, lo que hace posible navegarlo con facilidad mientras se observa todo lo que sucede en tierra. Conforme se acerca al centro de la ciudad, nacen a la orilla unas escaleras que permiten a la gente bajar con facilidad al río para bañarse. Cada amanecer, miles de personas se bañan en las aguas del Ganges con la intención de purificarse. Irónicamente, las aguas del también llamado río Ganga están consideradas dentro de las más contaminadas del mundo, pues llevan un montón de residuos —incluyendo restos animales y humanos— que pueden transmitir disentería, cólera, tifus, hepatitis y gastroenteritis aguda, una de las principales causas de mortalidad entre los niños hindúes, sobre todo durante los meses estivales. Es curioso que uno de los ríos más contaminados del mundo sea un símbolo de purificación para los creyentes del hinduismo. La gente se baña con ropa, las mujeres con un sari y los hombres con una especie de falda a la que le llaman *lungui*. Algunas personas no solo se bañan, sino que beben directamente el agua del río como parte del ritual. El sonido del chapoteo, los murmullos de las personas, la risa de los niños y los olores crean una atmósfera hipnotizante. Hay brahmanes sentados en plataformas haciendo yoga, personas recolectando agua para llevarla a distintos templos, no solo de la ciudad, sino del país. Y todo esto envuelto en la preciosa luz rosada del amanecer.

La parte más importante del recorrido se encuentra al acercarse a los *ghats*, centros especializados en cremación de cuerpos. En ellos se creman cada día unos 250 cuerpos en promedio. Dentro de la religión hinduista, morir en Varanasi y ser cremado ahí para que al final las cenizas sean arrojadas al río garantiza librarse de la rueda de la vida y el ciclo de reencarnación, alcanzando así la vida eterna. Es por eso por lo que miles de personas viajan a esta ciudad para morir, ya sea por enfermedad o por vejez. Por ello, Varanasi ha sido llamada por algunos como «la Ciudad de la Muerte». A mí el nombre me parece oscuro y lúgubre y, aunque no es del todo equivocado, a pesar de haber tanta muerte, es una ciudad rebosante de vida. Desde el pequeño bote nos acercamos a los crematorios, alineados uno al lado del otro; todos, en constante uso. Suelen utilizarse varios tipos de madera para el ritual, pero es la de sándalo la mejor y más costosa, pues hace que los cuerpos se consuman casi en su totalidad. El proceso puede durar unas cuatro horas, sin embargo, la cadera de la mujer y el pecho del hombre rara vez se consumen por completo, por lo que no es difícil ver cómo, además de las cenizas, restos de pechos y caderas humanas son arrojados al río constantemente. Los hinduistas ven la muerte de distinta manera que muchas otras culturas o religiones. Para ellos no es un motivo de tristeza, al contrario, es el momento en el que esa persona iniciará la tan deseada vida eterna. El ritual después de la muerte es sobrecogedor. El cadáver se envuelve con telas color naranja y flores y después se moja en el río para purificarse. A continuación se retiran las telas naranjas y las flores y se le deja solo cubierto por una tela blanca, el color de luto en India. El cuerpo llevado a la pila de cremación, como si de una hoguera se tratara, y en caso de que el difunto sea hombre, el hijo mayor de la familia es el encargado de prender el fuego y el hijo menor en caso de que sea mujer. En el ritual suelen verse pocas mujeres, pues según la creencia estas son más propensas a llorar y los fluidos corporales contaminan el ritual. Y así, a la vista de los asistentes, el cuerpo del ser querido, ya sin vida, es consumido por las llamas. Un espectáculo que no es para todos.

Ver este ritual desde un bote sobre el río Ganges es impresionante. Todos tus sentidos son envueltos en una ola saturada de estímulos que no cualquier persona soporta. Los sonidos, los colores y, sobre todo, los olores hacen de Varanasi una ciudad difícil de olvidar. Para muchos es demasiado, para mí fue fascinante porque te enfrenta con un mundo completamente diferente al habitual. En Varanasi, más que en cualquier otra ciudad que conozco, la muerte está presente en todos lados; se ve, se respira, se siente. La muerte está allí, frente a ti, y de manera tan natural que sacude el suelo de quienes crecimos con otra forma de pensar. No es raro caminar por las calles de la ciudad y tener que hacerse a un lado para que pase un cuerpo sin vida cargado ya sea por animales o por personas. Incluso si el viento no está a tu favor es posible que seas bañado por una ligera brisa de cenizas humanas. La muerte es el negocio principal de la ciudad; los encargados de vender la madera, los *ghats* donde se lleva a cabo la cremación, las ropas, los rituales, incluso personas cuyo trabajo es tomar un retrato del difunto para que la familia recuerde cómo se veía antes de ser cremado.

No es necesario compartir las creencias de los hinduistas para entender la importancia que tiene en su cultura un ritual como este. Resulta fascinante cómo del otro lado del mundo, a miles de kilómetros de distancia, la cosmovisión puede ser en apariencia completamente diferente, pero, en el fondo, tan parecida. Un viaje a la India transforma por esa misma razón, por ofrecer un espectro cultural extremadamente rico y diverso, que para algunos resulta demasiado abrumador.

Como una persona de origen mexicano, un lugar así te pone frente a frente con la diversidad del mundo en todos sus colores, sabores y fragancias. La India es un país donde la religión principal es el hinduismo, más antigua que el cristianismo y con un panteón de dioses que literalmente cuenta con millones de deidades. Presenciar de primera mano el espectáculo que la fe ofrece en un templo hinduista es impresionante, las ofrendas llenas de flores, los brahmanes vertiendo leche sobre un *lingam* —una representación fálica del dios de la creación hindú, Shiva—, los olores que se desprenden de las velas y los inciensos, los rezos, los letreros en sánscrito, imposibles de interpretar. Las estatuas de dioses con decenas de brazos, o la de Ganesha, uno de los dioses más queridos que tiene cuerpo de humano y cabeza de elefante. Deidades con piel color azul y rituales que despiertan en el viajero una genuina curiosidad y una muy sana sed de respuestas.

La diversidad hace bello al mundo por todas las razones que he expresado en estas páginas. Ver y recorrer el mundo implica estar frente a lugares, situaciones, personas, creencias, colores y sabores que quizá no nos resulten familiares, incluso nos pueden parecer incómodos o molestos. Viajar es ver lo diferente y aprender de ello. La diversidad es lo que lo hace interesante y por ello hay que celebrarla.

La diversidad sexual

Montreal fue la elección perfecta como sede de un viaje que regalé a través de mis redes en colaboración con uno de mis patrocinadores. Hicimos una dinámica en la que un ganador y un acompañante viajarían conmigo a esta preciosa y cosmopolita ciudad, una de mis favoritas de Canadá. El ganador fue de la ciudad de Querétaro, en México, y su acompañante, uno de sus mejores amigos.

Apenas llegamos a Montreal, comenzamos de inmediato a recorrer la ciudad de la forma que más me gusta: caminando. Era mayo y el clima era bastante agradable, tomando en cuenta los crudos inviernos que se viven en esta parte del mundo.

Montreal pertenece a la provincia de Quebec, la parte francesa de Canadá, aquí el idioma principal es el francés y los *québécois* tienen un profundo y arraigado orgullo regionalista. Ambos ganadores me acompañaban en la ruta y yo les daba un poco de contexto sobre lo que veíamos. Mientras caminábamos por el centro, llegamos a una de las múltiples iglesias en la ciudad, no recuerdo exactamente cuál, pero era un edificio de estilo gótico inglés hecho de ladrillo con una prominente aguja central. Entramos al recinto religioso y lo primero que noté fue una bandera LGBTQ+ colgada en una de las paredes de la nave interior. Al verla, el acompañante del ganador se puso tenso y parecía un poco molesto. Al notar su energía, decidí intervenir. Le expliqué que Canadá es uno de los países más progresistas del mundo y una nación donde la comunidad LGBTQ+ cuenta con todos los derechos y protecciones posibles. Incluso, algunas ramas de la iglesia, a diferencia del catolicismo, aceptan sin problema a miembros de la comunidad LGBTQ+ y hasta ofician matrimonios. Esta información le perturbó mucho. Viniendo de una ciudad como Querétaro, que es bastante conservadora, y (después lo supe) siendo él parte de una familia en extremo tradicional, la bandera LGBTQ+ dentro de un templo le parecía no solo sorprendente, sino sumamente irrespetuosa y sacrílega.

Su molestia era evidente, pero el enojo era solo suyo, el mundo seguía girando, el sol seguía brillando y la comunidad LGBTQ+ en Montreal continuaba teniendo derechos. Al ver su reacción y con el firme convencimiento de que viajar puede abrirnos los ojos al mundo, decidí trasladarnos al Gay Village, el barrio LGBTQ+ de la ciudad, una zona muy bonita llena de comercios, restaurantes y centros nocturnos con un ambiente muy familiar en donde es posible pasear, comprar y comer durante horas. Sabía que esto representaría un *shock* para él, pero solo así podemos entender que el mundo es mucho más diverso de lo que nos contaron y muchísimo más amplio que lo que vive en nuestra cabeza.

El día era precioso, el sol brillaba con intensidad y la calle principal del barrio gay de Montreal estaba cubierta por miles de pelotas de colores que a la distancia formaban la bandera LGBTQ+ más grande del planeta. Recorrimos la calle principal a paso lento para entrar en algunos comercios y decidir dónde comer. El ambiente era ligeramente tenso, el acompañante del ganador no se sentía del todo cómodo, pero ese era el objetivo. Estoy convencido de que salir de la zona de confort tiene sus recompensas.

Una hora después de iniciado nuestro recorrido, el sujeto en cuestión emitió una interesante pregunta.

—¿Entonces cualquier persona puede venir al barrio gay?

—Por supuesto —contesté sin dudar—. El barrio gay no es un barrio exclusivo para la comunidad LGBTQ+, aquí todos son bienvenidos. Lo único que se pide es respeto. Los barrios gays en el mundo fueron creados para hacer comunidad y crear espacios seguros para una comunidad perseguida en muchos países. Así que, aunque todo mundo es bienvenido, la regla del respeto no debe romperse.

Las facciones de su rostro se fueron relajando poco a poco, quiero creer que la razón era que, cuando viajas por el mundo, te das cuenta de que no es como te lo contaron y que todos esos prejuicios con los que crecemos, dependiendo de nuestro entorno familiar o cultural, la mayoría de las veces están equivocados o incompletos. Esa es la magia de viajar, comprobar que el mundo no es como nos lo contaron.

Comimos en un restaurante sobre la calle principal para ver a la gente pasar y aprovechar el maravilloso día que hacía. La pasamos bien, muy bien.

El último día del viaje el chico se acercó a mí y me agradeció haberle mostrado ese lado de la ciudad. Me dijo que nunca se había imaginado que una ciudad como Montreal fuera tan respetuosa y que ese día, después de conocer un poco más sobre la comunidad LGBTQ+, su percepción había cambiado. Sonrió y me dio la mano. Quedé satisfecho.

La diversidad sexual es uno de los tópicos que más incomoda durante un viaje, sobre todo a personas muy religiosas y conservadoras. Enfrentarse a dos mujeres agarradas de la mano en la calle, a familias homoparentales o coincidir con un *Pride* en alguna ciudad del mundo es algo para lo que mucha gente no está preparada, y no porque estos eventos sean escandalosos, como suelen vendernos algunas publicaciones en internet. Es porque, hasta hace poco, la diversidad sexual era un tema tabú que se evitaba en las conversaciones de sobremesa, sobre todo en charlas conciliadoras, la típica plática que lo único que hace es repetir y preservar prejuicios en contra de una minoría vulnerada de esta y otras maneras sistemáticas.

La diversidad sexual forma parte de la belleza del mundo. Ver cómo en India existe un tercer sexo desde hace siglos y que la población lo tiene perfectamente normalizado, saber que Holanda se convirtió en el primer país en legalizar los matrimonios entre personas del mismo sexo, visitar Tailandia y descubrir que tiene la mayor población de mujeres transexuales en el mundo —que, además, es el mejor país para realizarse una cirugía de reasignación de sexo—, o vivir la gigantesca fiesta del orgullo en Madrid son experiencias que te marcan y que, dependiendo del lugar donde estés parado, te tocará incomodarte, aprender, crecer o disfrutar y celebrar la belleza del mundo a través de las distintas formas de amar. Los viajeros, en mi opinión, debemos celebrar el amor en todas sus presentaciones, porque celebrar el amor es celebrar a la humanidad misma y el acto más bello que existe.

La piel y su diversidad

Me avergüenza admitir que en mi familia había actitudes racistas. Hoy entiendo que provenían de la ignorancia, como casi todas las fobias, pero existían y al final hacen el mismo daño. Cuando viajé de pequeño a Estados Unidos con mi familia, mi madre me hacía advertencias acerca de las personas afrodescendientes. Yo solo tenía nueve años y plantarle la semilla del racismo a un niño de tan corta edad —de cualquier edad, en realidad— puede ser algo sumamente perjudicial.

Con el paso de los años comprendí que esos comentarios no solo estaban mal, sino equivocados. Y tristemente eran solo comentarios repetidos, frases hechas que escuchas de tus mayores, las das por ciertas y las repites sin saber lo que implican. Me refiero a esos prejuicios heredados que muchas veces no ven oportunidad de ser derrumbados hasta que algo importante pasa en nuestra vida, viajar, por ejemplo.

En Washington, D. C., está el espectacular Museo Nacional de Arte y Cultura Afroamericana. Este recinto cuenta la historia de todo lo que las personas afrodescendientes han vivido a lo largo de la historia de los Estados Unidos, pasando de la esclavitud a la abolición, de la segregación a la inclusión. Y aunque se ha avanzado muchísimo en el tema, aún falta mucho por hacer, aunque mucha gente no quiera aceptarlo. A veces se nos olvida que, hace tan solo unas décadas, la segregación llena de crueldad como el Apartheid en Sudáfrica era algo completamente normalizado, que hoy en día siguen existiendo montones de prejuicios racistas que han llegado a desatar actos con desenlaces fatales.

Viajar nos ayuda a comprender el contexto histórico de episodios de la humanidad que hoy consideramos impensables. Pero no los elimina. Cuando visité Bélgica, pude conocer la terrible historia de los zoológicos humanos, que durante finales del siglo XIX fueron bastante populares en el país, así como en Francia y Alemania. En un acto hoy impensable, estos sitios exhibían a seres humanos traídos de África y a los cuales, bajo teorías consideradas «científicas» en la época, se les consideraba una raza inferior, prácticamente una subespecie del humano.

En Bélgica, el rey Leopoldo II fue la mente detrás de uno de los episodios más crueles hacia la población del Congo. Con el afán de que Bélgica pudiera tener un crecimiento económico similar al de otros países de Europa y con el *boom* del caucho en el mundo debido a la invención del neumático hecho de este material, Leopoldo II vio en el Congo y en la industria del caucho una oportunidad para lograrlo. Los métodos que utilizaron eran crueles e inhumanos: violencia extrema y unas cuotas de caucho recaudado casi imposibles de cumplir, llegando al grado de cortar las manos de aquellas personas que no lograban cumplir con su cuota diaria, o incluso la muerte. Este oscuro episodio de Bélgica no es tan conocido y sin embargo es una de las atrocidades más crueles cometidas en la historia de la humanidad.

En México, aunque muchos argumentan que el racismo no existe, tenemos un sistema racista. Entender que el racismo sistémico es el que realmente afecta a la sociedad y poder diferenciarlo de actos racistas individuales es crucial para que esto cambie. El racismo está alimentado por un sistema de creencias y prejuicios que pone a las personas en una escala de valores dependiendo de su color de piel. La creencia de que alguien solo por ser rubio o de ojos claros es más bello o el prejuicio de que una mujer indígena no puede ser la protagonista de una telenovela, una película o aparecer en la portada en una revista de moda están demasiado arraigados en nuestra cultura. Por ello la representación es tan importante y una labor compleja de la que todos formamos parte.

Cuando viajamos nos damos cuenta de que la diversidad va más allá de lo que vemos en nuestro país y que las complejas capas sociales con las que se mueve el mundo son un tema de suma importancia y estudio. Con esto no quiero decir que el viajero debe hacer un estudio antropológico cuando viaje, pero sí es importante empaparse del contexto histórico para saber y entender el papel tan injusto que suele jugar el color de piel en prácticamente todas las sociedades. Porque es a través de la comprensión de esta dinámica, y no solo de señalarla, que podemos hacer un cambio.

El turismo, además, tiene el poder de resignificar y valorar mucho más la diversidad étnica, porque es esta la que provoca el interés de muchos viajeros. En Nueva Zelanda, por ejemplo, el pueblo maorí que ha sido históricamente relegado y maltratado por los colonizadores ingleses de la isla, ha encontrado en el turismo una forma de supervivencia y empoderamiento que difícilmente lograría si no es por el interés de los ojos extranjeros. Al viajar a un país tan hermoso como Nueva Zelanda, son los habitantes originarios los que le dan esa personalidad, que los diferencia del resto del mundo y, a su vez, entendemos su conexión con otras islas cercanas.

La cultura maorí es ahora un componente turístico en Nueva Zelanda que mantiene su identidad con orgullo y además se beneficia del dinero extranjero, es así. Los tatuajes de la cara, las *hakas* y otros rituales son presentados a los visitantes todos los días en centros culturales con impresionante infraestructura para ayudar a preservar y perpetuar una cultura que alguna vez estuvo en riesgo de desaparecer. Es en parte a través del turismo, del choque cultural, que algunos países han desarrollado una identidad basada en lo que los hace únicos y especiales, y no aquello que se encuentra en todos lados.

Esto no quiere decir que todo sea positivo y hermoso, también corremos el riesgo de que las tradiciones y aspectos culturales se conserven tan solo como fuente de ingresos o como un espectáculo meramente turístico. Pero, al final, el turismo ayuda a preservar estas tradiciones y esto, desde donde yo puedo verlo, me parece una acción muy noble.

En la actualidad el turismo nos acerca a una diversidad étnica que hace fascinante el planeta que habitamos y nos invita constantemente a borrar esos prejuicios que todos tenemos. El color de piel no define a nadie, mucho menos el lugar que debe ocupar en la sociedad. Si logramos entender esto mientras viajamos, también podemos aplicarlo en nuestro día a día. Viajar nos permite entender nuestros privilegios y hacer lo que debemos para crear un mundo más justo y equitativo.

La diversidad religiosa

Hablar de religión es meterse en arenas movedizas, un campo de batalla en el que fácilmente se hieren susceptibilidades y en el que nos aterra escuchar lo que otros tienen que decir. Crecimos con la consigna de que una conversación sobre religión o política está destinada a terminar mal, enemistar personas o, incluso, llegar a la violencia. Cuando en realidad estas conversaciones son necesarias, siempre y cuando las hagamos desde el respeto.

Yo, como la mayoría de los mexicanos, crecí en una familia tradicional, muy conservadora, en la que la religión influye mucho más en aspectos culturales y sociales que en el espiritual. Acudí a un colegio de hermanos maristas 10 años de mi vida y, además de matemáticas, física y química, me daban clases de religión católica. Clases que la verdad no aportaban mucho, de hecho, uno de los profesores tenía tanta pereza en preparar su clase que esta consistía en rezar tres misterios del rosario y nos dejaba dos para la casa, una tarea imposible de corroborar, así que dudo mucho que alguno de la clase realmente la cumpliera.

Nadie me dio a elegir. Desde pequeño me dijeron en qué creer sin darme más explicaciones que el temor al infierno, la culpa y el miedo. Cada viernes comulgaba y después les confesaba mis «pecados» a sacerdotes que parecían mis abuelos y me interrogaban con perversas preguntas. Se me obligaba a ver en una figura sumamente violenta como la de Cristo crucificado a alguien a quien venerar y, por si fuera poco, con la enseñanza de que ese terrible sufrimiento había sido para salvarme.

Dentro de todo, fue una época genial en mi vida. Nunca cuestioné mi fe y acudí a retiros espirituales donde estaban prohibidos los relojes —en esa época no había iPods ni esas cosas— y donde rompían figuras de Cristo culpándonos de su dolor por faltarles al respeto a nuestros padres. Me sabía la historia completa de Marcelino Champagnat y en algún momento hasta sentí la vocación de ser seminarista o hermano de la congregación, intención que, por suerte, no duró mucho.

Un buen día tocó a la puerta de mi casa un grupo de testigos de Jehová. Yo contesté el interfono y de inmediato los comuniqué con mi madre para que hablaran con ella, pues yo no entendía exactamente qué querían. Mi madre les colgó y me dijo que nunca le abriera a esa gente, que eran personas que no creían en Dios y que su única intención era convencernos de pensar como ellos. Lo cual significaría irse directo a la casa del diablo, el hogar para todos los no creyentes. Esas frases despertaron mi temor y curiosidad por igual. Fue la primera vez que supe que había en el mundo personas con creencias diferentes a la mía. Sin embargo, ver la cara de mi madre, tan preocupada por la visita de estas personas, me hacía desconfiar por completo de ellas e imaginarme que eran seres que uno podría identificar claramente en la calle como para evitar cruzarse con ellos; vaya que para mí eran el diablo encarnado.

Varios años después hice el viaje a India con el que inicié este capítulo, un viaje que me transformó la vida. Conocí templos hindúes, musulmanes, jainistas, budistas, cristianos, incluso un templo en Delhi dedicado a todas las religiones. En el transcurso del viaje me impactó el fervor con el que le rezaban a un Dios con cara de elefante, cómo los musulmanes se lavaban antes de entrar a la mezquita y rechazaban adorar imágenes, y cómo los jainistas se cubrían la boca con una tela para no inhalar ni una mosca y matarla por accidente.

A los pocos días de iniciado el recorrido, mientras observaba la selva camboyana desde los templos de Angkor Wat, un monje budista bastante joven se acercó a mí para practicar su inglés —que no era peor que el mío— y comenzó a hacerme preguntas sobre mi país, familia y trabajo, hasta que llegamos al tema de la religión. Me preguntó cuánta gente en México seguía las enseñanzas de Buda. Yo le contesté que muy poca, que la gran mayoría de la gente mexicana sigue el camino de Jesús y que México es un país principalmente católico. Me miró como si le hablara en chino. Le hice un breve resumen de la historia de Jesús y la religión católica mientras el «monjecito» abría los ojos cada vez que algo le parecía, digamos, extravagante. Me preguntó con asombro:

—¿Entonces los católicos no meditan?

No supe qué contestar. Mientras hablaba con él, intentaba sacarme de la cabeza todo lo que había escuchado desde niño sobre las personas de otras religiones; la «lógica» me decía que ese monje se iría al infierno, pues yo acababa de presentarle a Jesucristo y él no había mostrado el más mínimo interés en cambiar la meditación por los padrenuestros. En ese momento cuestioné mi fe.

Ahora no podía entender por qué Dios castigaría a alguien que decidía creer en otra cosa, por qué las religiones parecían depender más de la geografía que de su mística y por qué una creencia parecía anular las otras. Antes de emitir cualquier juicio, intenté abrir mi mente, analizar y cuestionar todo. Quizá la educación religiosa que yo había recibido estaba impartida de forma incorrecta, tal vez algunos dogmas no eran del todo efectivos. Mi mente era demasiado joven y poco experimentada para obtener una respuesta, y creo que aún lo es.

Poco a poco, con cada uno de mis viajes, he descubierto el apasionante mundo religioso desde un aspecto cultural y antropológico. Los humanos creemos en un Dios con mil caras: los sintoístas lo ven en la naturaleza; los hinduistas en sus millones de míticas deidades, y los aztecas lo representaban en Quetzalcóatl y Huitzilopochtli. Pero, en el fondo de las cosas, todo es exactamente lo mismo.

Incluso he llegado a imaginar a los egipcios adorando al sol, ¿y cómo no hacerlo? Imagina por un momento que estás en un mundo primitivo, en el que el entendimiento del cosmos es limitado, pero en el que existe en el horizonte una mancha incandescente que produce calor y lo ilumina todo. Todo crece bajo su luz y la vida parece alegrarse, las criaturas sonríen y saltan felices hasta que esa misma mancha decide desaparecer por el lado opuesto de donde llegó, perdiéndose en el horizonte. Yo no sé tú, pero a mí me saldría la más profunda y honesta petición a ese objeto de que vuelva a darme calor y a iluminar mis días. Esa adoración al sol fue evolucionando hasta llegar a civilizaciones sumamente complejas. Los egipcios llamaban Ra al sol, que significa «Gran Dios». Gracias a la ciencia moderna hoy sabemos lo que es el Sistema Solar y hasta hemos descubierto miles y miles de galaxias como la nuestra, por lo que ese dios Ra ha quedado prácticamente abandonado.

Las religiones van de la mano con la historia, todas forman parte vital de los acontecimientos del mundo desde hace miles de años. Las religiones han provocado terribles guerras y también han salvado vidas, han hecho feliz e infeliz a mucha gente, le han arreglado y fastidiado la existencia a muchas otras y le dan color a la paleta folclórica de nuestro planeta. Impresionantes muestras de fe se llevan a cabo en todo el mundo, desde la peregrinación a la basílica de Guadalupe en México, hasta los rezos masivos en La Meca en Arabia Saudita. Cada uno tiene su razón de ser y cada ser humano tiene distintas necesidades.

El mundo de las religiones me resulta fascinante y trato de aprender algo nuevo en cada viaje que hago, pero aún no tengo los conocimientos para criticarlo o analizarlo a profundidad. Pienso que muchas personas necesitan creer, depositar su fe en un factor externo y buscan hacerlo de muchas maneras, siempre en algo que esté más allá de sus manos, en algo divino. De hecho, existe una teoría llamada «el gen de Dios» propuesta por el genetista estadounidense Dean Hamer, que plantea que los seres humanos tienen una predisposición genética a creer en algo que no puede explicarse, puede ser una religión o alguna actividad esotérica como el tarot o la adivinación. Esta teoría aún no ha sido comprobada, pero es interesante conocerla.

Al viajar a otros países el contacto con religiones o creencias distintas a la nuestra es inevitable, y prácticamente en todos lados hay una creencia local que da forma y establece los aspectos culturales y sociales del lugar. Es rarísimo que un recorrido turístico popular no incluya la visita a algún edificio religioso. La religión es parte intrínseca de los países y aunque no en todos casos forma parte de su presente, me cuesta trabajo pensar en alguna nación donde la religión no sea parte importantísima de su contexto histórico.

Estos contextos que nos ofrecen un panorama y una línea de tiempo para entender el presente de los lugares que visitamos son también una mirada a la evolución del mundo en conjunto. En la actualidad, la cantidad de personas no creyentes va en aumento en el planeta. Cada vez más y más personas han dejado de creer en alguna religión establecida y han diseñado su propio sistema de creencias o han abrazado el ateísmo o el agnosticismo. Esto, para una sociedad conservadora y religiosa, es algo impensable y por supuesto dañino, pero la estadística arroja lo contrario.

¿Qué determina que un país sea religioso o no? Resulta curioso analizar los estudios hechos en naciones con bajos índices de creyentes religiosos. En países como Noruega, Suecia o Canadá —reconocidos por sus innovadores sistemas educativos—, la fe religiosa ha quedado a un lado, ha sido prácticamente ignorada. Allí, la creencia de cada quien es un asunto íntimo, no público. Ahora, si observamos otro tipo de indicadores, encontramos bajos niveles de crimen, mayor nivel de educación, incluso, niveles más altos de felicidad. Claro, esto depende siempre de un cúmulo de factores muy diversos, pero no deja de ser interesante.

Del mismo modo, la intensidad de la fe en las naciones se ha ido transformando con el paso del tiempo. La misma España que estuviera gobernada por los famosos reyes católicos y fue uno de los países que más derramó sangre en nombre de la fe es ahora un valioso cúmulo de iglesias museo a las que asisten más turistas que fieles.

Cito a Greg Graffin, profesor de ciencias en la UCLA, vocalista de la banda Bad Religion y autor del libro *Anarchy Evolution: Faith, Science, and Bad Religion in a World Without God*:

> Los países con altos porcentajes de no creyentes están entre los más libres, estables, más saludables y mejor educados

> del planeta. Cuando las naciones son calificadas de acuerdo con el índice de desarrollo humano, que mide factores como esperanza de vida, alfabetización, y seguimiento de la educación, los cinco países en los primeros lugares —Noruega, Suecia, Australia, Canadá y Países Bajos— tienen altos niveles de no creyentes. Los cincuenta países en los últimos lugares del ranking, todos son fervientemente religiosos; aquellos con los más altos niveles de igualdad de género son de los menos religiosos. Estas asociaciones no dicen nada acerca de si el ateísmo conlleva a indicadores sociales positivos o de manera contraria. Pero la idea de que el ateísmo es de alguna forma menos moral, menos honesto o menos confiable ha sido descartada estudio tras estudio.

La posición de Graffin me parece digna de reflexión. ¿Por qué creemos en lo que creemos? Fue después de conocer otras manifestaciones de la fe que supuse que debía pensar sobre la mía. Se me había dicho que no hay otra verdad más que Jesús, pero tenía yo enfrente a miles de personas rezándole a un dios con forma de mono. Se me había enseñado a jamás cuestionar mi fe, pero me daba cuenta de que, al cuestionarla, podía fortalecerla. Por momentos tuve miedo, me sentí culpable por conocer nuevas creencias, pero también cuando descubrí que algunas cosas no eran como me las habían contado. De repente sentí como si tuviera frente a mí una mesa con distintos pasteles entre los cuales estaba el que siempre había comido, pero ahora podía elegir.

No elegí, no cambié de religión ni se fortaleció la que ya tenía. En su lugar, decidí trabajar en mi tolerancia y abrazar a cada persona que conociera sin importar su creencia. Me convencí entonces de que ninguno de mis amigos budistas o hinduistas se irían al infierno. Es ahí, en vencer mis miedos y culpas, donde realmente debe estar Dios, en el amor. Si es que Dios existe. Quizá yo había aceptado a las instituciones religiosas como objetos de fe, otorgándoles un carácter divino en lugar de verlas como lo que son, instituciones basadas en la inspiración divina. Quizá me había empeñado en ser más religioso que espiritual. Aún no lo sé. Pero viajar me ha ayudado a entender poco a poco la diferencia.

Para efectos prácticos, me considero ateo, pero confieso tener una fascinación por las religiones. Descubrir el mundo a través de sus creencias es enriquecedor, aunque por momentos también aterrador. Países como los que comprenden el mundo árabe que basan sus leyes en la Sharía tienen, como ya hemos mencionado en este libro, serios problemas de derechos humanos.

Y el cambio no parece verse cerca.

Las religiones han inspirado algunas de las construcciones más hermosas del mundo. Es imposible no conmoverse y asombrarse con una visita a la Basílica de San Pedro y a los museos del Vaticano, incluyendo la Capilla Sixtina, o frente a la belleza de la mezquita Sheikh Zayed, en Abu Dabi, con su impoluto mármol blanco y esa alfombra tejida a mano, la más grande del planeta. Hay que estar muerto en vida para no sentir la piel erizarse cuando se ve el amanecer en Angkor Wat. Como vemos, aunque las religiones han dejado un legado importante, y lo seguirán haciendo, es también verdad que cada vez más nos cuestionamos su valor en la sociedad y con el desarrollo de la ciencia hemos logrado tener un panorama más claro sobre nuestros mitos y realidades como especie.

Viajar puede reconciliarnos con ese sentido de curiosidad en el que las preguntas surgen a borbotones. Nos puede ayudar a descubrir nuestro propio camino espiritual, ya sea con una religión o sin ella. Del mismo modo, nos ayuda a respetar las creencias de otros, siempre y cuando estos dogmas no atenten contra los derechos de otras personas.

No muchas personas hablan del lado espiritual de un viaje, de esa conexión invisible que tenemos con los demás y que nos ayuda a entender un plano más profundo del mundo que no está simple vista. Viajar también es navegar nuestros mares internos y descubrir nuestro propio camino, trabajar en nosotros y, por qué no, encontrar un lugar que se siente como casa.

La belleza del mundo

Como hemos visto hasta ahora, las distintas manifestaciones de diversidad enriquecen al mundo y son la razón profunda detrás de muchos de nuestros viajes. Quiero pensar que a nadie le interesaría visitar un lugar que es exactamente igual que el sitio donde vive, esto haría de cualquier viaje una aventura en extremo monótona y aburrida. Viajamos para ver lo diferente, para sorprendernos, salir de la zona de confort, aprender, cuestionar, respondernos, incomodarnos, ponernos nerviosos, divertirnos, conocernos y descubrir. Y es la diversidad la que nos regala todo eso.

Lo diferente nos confronta con nuestro propio sistema de creencias. Cuando nos enfrentamos a una religión que no es la nuestra no hay forma de no cuestionarnos, cuando venimos de una sociedad ultraconservadora y visitamos un lugar como Ámsterdam no hay manera de que ciertas cosas no nos incomoden o nos provoquen curiosidad. Es el ejercicio de enfrentarse a lo diferente lo que hace que nuestros paradigmas se derrumben y que prevalezca el respeto.

Durante muchos años hemos presumido que los viajes pueden regalarnos el precioso valor de la tolerancia, pero al mismo tiempo hemos visto que esto no es verdad. Los viajes, por lo menos como los conocemos hoy en día, no por fuerza te convierten en una persona tolerante, es el viajero quien debe estar dispuesto a aprender y transformarse. Debe haber una predisposición en quien viaja para que todo aquello que vea lo transforme. De igual forma, la tolerancia quizá no necesariamente sea el valor que estamos buscando como humanidad. Creo que es más preciso y correcto decir que la diversidad en el mundo necesita de nuestro respeto.

El respeto, a diferencia de la tolerancia, que lleva implícita la idea de «soportar» algo con lo que no estamos de acuerdo, abraza las diferencias que tenemos y las deja ser y existir. El respeto por aquello que es distinto es el primer paso para lograr una comunidad global sana y armónica. Esto no significa que debamos entender o compartir ciertos puntos de vista, simplemente debemos respetarlos, siempre y cuando estos puntos de vista a su vez respeten otros, y eso sí es un valor poderoso que pueden regalarnos los viajes.

Yo no soy creyente de ninguna religión y tengo mi opinión bien formada respecto a ellas, sin embargo, intento respetarlas siempre y cuando estos dogmas hagan lo mismo con la diversidad. No necesitas ser hinduista para apreciar y respetar esta religión, no necesitas ser musulmán para apreciar y aprender del islam. No necesitas ser gay para respetar a la comunidad LGBTQ+ y no necesitas ser afrodescendiente para comprender los problemas derivados del racismo. Lo que necesitamos es respetar.

Esto tampoco anula el poder que tenemos de cuestionar. Es completamente válido cuestionar lo que vemos, lo que aprendemos y lo que creemos. Los dogmas religiosos no son intocables y las ideologías políticas tampoco. Pero esta conversación debe darse dentro de un margen de respeto de ambas partes. Hay que entender la diversidad sin juzgarla, pero sin olvidar que es completamente válido cuestionarla. No es fácil y yo muchas veces no he respetado este precepto. Pero es algo que intento hacer todos los días.

Abrazar la diversidad en todas sus presentaciones convertirá el mundo en que vivimos en un sitio mucho más fascinante de lo que ya es. Lo veremos de tantos colores que tendremos frente a nosotros un gigantesco espectro de posibilidades para explorar, para entender, para identificarnos y para mejorar. La belleza del mundo radica en nuestras diferencias, en sus colores, en sus sabores, en sus sonidos. Porque aunque la forma que vemos tiene millones de maneras de representarse, es en el fondo, allí donde lo que no vemos subyace, donde lo que no es evidente a primera vista existe, que nos damos cuenta de que todos, al final de todo, somos iguales y buscamos exactamente lo mismo.

Ni viajero ni turista

En algún momento —no sé cuál—, el término *turista* adquirió una connotación peyorativa, algo negativo y hasta desagradable. Al grado de que algunos viajeros se ofenden cuando se les llama de esa forma. «¿Turista, yo? Jamás, viajero siempre». Esta distinción polarizante incluso ha sido usada en múltiples ocasiones en campañas turísticas y agencias de viajes. Pero ¿es en realidad tan malo ser turista?

En 2022 mi papá fue a Playa del Carmen, así que le mandé recomendaciones de lugares interesantes para que visitara junto a su ahora esposa. De vuelta, él me envió una foto a bordo de uno de esos barcos piratas que ofrecen cenas y shows. Me reí de él y le dije: «¿Papá, qué es eso? Eso es para turistas». Me respondió con ese descaro encantador que da la edad y la experiencia: «¡Qué bien! Porque yo no soy de aquí».

Su respuesta me dejó reflexionando varias semanas. Así que acudí al diccionario a leer el significado textual de la palabra *turista* y me encontré con esto:

turista
nombre común
1. Persona que visita o recorre un país o lugar por placer.

Qué razón tenía mi padre y qué equivocados eran mis prejuicios. Maldije al canal Travel & Living, donde por primera vez escuché esa frase: «Nunca turista, siempre viajero», y recordé todos esos momentos en los que mi ignorancia se expresó de forma negativa hacia el turista. Hacia todos los que viajamos. Hacia mí mismo.

Pero entonces, ¿qué es un viajero? Pues según el diccionario, es esto:

viajero, viajera
adjetivo
1. Que viaja.
2. Nombre masculino y femenino.
3. Persona que hace un viaje, especialmente largo.

Según las descripciones del diccionario, cualquier persona que viaja por placer es un viajero/turista. Entonces ¿por qué tanto alboroto?

Yo lo entiendo de la siguiente manera. El mundo ya no es un lugar tan distante, exótico y aventurero como lo era hace un par de siglos. Es muy complicado viajar a algún sitio que no haya sido tocado por la industria turística, así que autoproclamarse viajeros y no turistas es como gritarle al mundo que nos sentimos más identificados con Marco Polo que con los pasajeros de esos autobuses inmensos que visitan 13 países en una semana.

Hace tiempo leí un artículo del gran Paco Nadal —el mejor periodista de viajes en mi opinión— que hablaba justo de este tema y que me abrió los ojos. Es verdad lo que él plantea:

todos somos turistas. Decimos que viajar nos hace más tolerantes, pero ¿cómo podemos hablar de tolerancia cuando nosotros mismos rechazamos una etiqueta por considerarla negativa?

Cuando decidí hacer mi primer viaje a Tailandia en 2005 sentí que había tomado una decisión extrema en mi vida. Me emocionaba visitar un país exótico que solo había visto en *Discovery Channel*. Con la impertinencia que regala la juventud, me sentía listo para todo tipo de vicisitudes, me creía poco menos que un explorador de *National Geographic* viajando a un rincón que pocos o casi nadie había visitado. Allí comprobé que cada cabeza es un mundo y, en efecto, que nadie de «mi mundo» había estado antes en Tailandia, pero para nada fue como llegar a un lugar dejado de la mano de Dios, donde tendría que hablar en algún punto a la embajada de mi país para ser rescatado.

Sin restarle un ápice de asombro a la experiencia, el país resultó tener una industria turística bastante desarrollada y, para mi pesar, ¡había turistas por todos lados! Me dejé de sentir especial. Sin embargo, con el avance de los días fui descubriendo nuevas maneras de aventurarme a lo desconocido (para mí), otras formas de ver y conocer mi entorno. Al final, la aventura la tiene el viajero, ¿o turista?

Para cerrar el tema: todos somos viajeros y turistas. Para mí, la única diferencia radica en cómo viajamos o turisteamos. Lo importante es ser un turista responsable que se involucra, se informa, que viaja con humildad. Eso es una decisión personal que poco tiene que ver con la manera en que llegues al destino.

No debemos olvidar que viajamos por placer, para conocer y para descubrir. La única diferencia es el tipo de turista que somos. Yo quiero ser un orgulloso turista responsable, ese que los destinos mueren por recibir porque saben que cuidará su lugar, lo apreciará y respetará. Un turista que se preocupa por dar y no nada más por recibir. Un turista consciente, que se informa y que, dentro de sus circunstancias, trata de hacer del mundo un mejor lugar para todos.

Borremos de nuestra mente esa etiqueta de viajero *vs.* turista, que si algo enseñan los viajes es que las etiquetas son para la ropa, no para las personas.

LECCIÓN 8

EL NACIONALISMO SE CURA VIAJANDO

«El nacionalismo se cura viajando» es una frase del escritor Camilo José Cela que me encanta. Para mí, encierra mucha verdad y cobra sentido cada vez más, sobre todo en estos tiempos convulsos en los que el amor a la patria se confunde con un sentimiento exacerbado y algunas personas piensan que el simple hecho de haber nacido en determinado pedazo de tierra les da algún tipo de superioridad, privilegios, preferencia sobre otras personas, distinción social o, incluso, inferioridad.

Pero antes de señalar el nacionalismo como algo malo, debemos entender qué es y por qué se trata de una enfermedad que debe ser «curada», como dice Cela. Bueno, pues volviendo a nuestras definiciones académicas, para la Real Academia de la Lengua Española el nacionalismo es:

> 1. m. Sentimiento fervoroso de pertenencia a una nación y de identificación con su realidad y con su historia.
>
> 2. m. Ideología de un pueblo que, afirmando su naturaleza de nación, aspira a constituirse como Estado.

Es la primera definición la que me interesa abordar en este capítulo. Ese sentimiento fervoroso de pertenencia puede ser, en muchos casos, una expresión positiva de amor a la patria y de identidad que nos ayuda a sentirnos parte de una comunidad. Sin embargo, en muchos casos el nacionalismo puede ser una expresión negativa de superioridad, sin fundamentos, que ha derivado en fricciones políticas, actos de racismo y xenofobia o lamentables conflictos bélicos.

Todos hemos escuchado frases como: «Yo no pedí ser mexicano, simplemente tuve suerte». Este es un claro ejemplo de una frase efectista y nacionalista destinada a exacerbar el sentimiento patriótico sin ningún otro fundamento que la fortuna de haber nacido en determinado punto geográfico, sin siquiera haberlo deseado o planeado. El problema es que, en la práctica, personas de cualquier nacionalidad repiten esta frase. «Yo no pedí ser colombiano, simplemente tuve suerte», «Yo no pedí ser argentino, simplemente tuve suerte». Funciona para todos. Y es ahí donde pierde todo sentido.

Nadie elige dónde nacer, sin embargo, todos nos vemos «obligados» a amar la tierra en la que nacimos y, sin duda, todos tenemos razones para hacerlo. Eso, desde un punto de vista social o colectivo, es hermoso. «Aquí nos tocó vivir». Nacimos donde nos tocó nacer y punto. No hubo opción. Y si bien es cierto que esto no es necesariamente algo negativo, valdría la pena hacernos la pregunta del millón: si hoy pudieras regresar el tiempo y decidirlo, ¿elegirías el mismo lugar en el que naciste?

Aunque este tema puede dar para múltiples conversaciones políticas, sociales y culturales derivadas de lo que interpretamos como nacionalismo, mi intención en este capítulo es entender el punto de Camilo José Cela: ¿por qué el nacionalismo se cura viajando y por qué es algo «malo»?

El nacionalismo, visto como ese amor exagerado por la patria que llega a grados de superioridad moral, política, cultural y social no puede ser, en ninguna circunstancia, saludable para la convivencia entre naciones en todos los niveles.

Crecemos rodeados de comentarios nacionalistas que en muchos casos pueden hacernos creer que nuestro país es superior al resto. Como mexicano, siempre escuché comentarios del tipo «el ingenio mexicano no tiene comparación», «Estados Unidos no tiene historia» o «las playas de México son las más hermosas del mundo».

Este tipo de ideas preconcebidas y heredadas, si bien pueden tener algo de cierto, son medias verdades. Cuando visitamos otros países nos damos cuenta de que muchas de estas frases son limitadas, que nuestra mirada es, en realidad, muy corta y que comparamos lo que tenemos con lo que no conocemos. La realidad es que cuando viajé a China me quedó claro que el ingenio chino le da tres vueltas al mexicano. Al recorrer Estados Unidos entendí que, si bien su historia podrá no ser tan vasta y antigua como el legado de las culturas prehispánicas que tenemos en México, la historia del país vecino es rica en acontecimientos que han transformado no solo esa nación, sino al mundo entero y que ha marcado y marca la pauta para cuestiones geopolíticas sin precedentes.

Conforme visité otros países, descubrí que aunque México es diverso, precioso y lo tiene prácticamente todo en cuanto a ecosistemas y biodiversidad, basta con pensar en la selva chiapaneca, los bosques del Estado de México, los desiertos norteños, las playas del Pacífico y el Atlántico, los hermosos cenotes del sureste, los volcanes de estados como Puebla y Veracruz, ciudades con una identidad única y preciosa como Guadalajara o Oaxaca, la diversa gastronomía de todo el territorio y una enorme lista de atractivos turísticos, en realidad no lo tenemos «todo»; no existen los *ski resorts* ni los parques de Disney, ni hablar de una sistema montañoso como el de los Himalayas, o los impresionantes fiordos chilenos o las reservas de animales salvajes de África y, en temas quizá menos evidentes, pero igual de importantes para la población local y los viajeros, ojalá tuviéramos la seguridad social y el sistema de justicia de naciones como Canadá o Países Bajos.

Cuando viajamos y abrimos los ojos hacia lo que otros países hacen bien o mal según lo que conocemos en el nuestro, podemos aprender de cada caso y construir una idea más clara sobre dónde estamos parados en la escena global. Es entonces cuando la frase de Cela cobra verdadero sentido.

Todos los países tienen aspectos que presumir, pero también otros que mejorar; es el intercambio cultural el que históricamente ha hecho crecer al mundo. Pedro el Grande fundó y diseñó San Petersburgo inspirado en Ámsterdam; las calles y bulevares de París fueron el referente para el bosquejo de la famosa Avenida Reforma de la Ciudad de México; Walt Disney basó algunas de sus ideas para Disneyland en la República de los Niños de Argentina, un enorme parque educativo de Buenos Aires, y es indudable la influencia de los castillos europeos en el esbozo de los palacios que habitan sus icónicas princesas que, a final de cuentas, son muchas de ellas personajes de cuentos también europeos.

Entonces, no tiene sentido sentirnos superiores por haber nacido en un país u otro. Después de todo, de cierto modo somos una casualidad y haber nacido en un pedacito de territorio solo nos muestra lo mucho que nos queda por recorrer y conocer, así sea cerca del lugar que llamamos casa o a miles de kilómetros de nuestra zona de confort.

Como mencioné al inicio de este capítulo, no solo existen complejos de superioridad cuando hablamos de comparativas entre países, también puede desarrollarse una sensación de inferioridad al comparar nuestra nación con otras, y esto, desde mi punto de vista, también es un error. El mundo no es una competencia y, desde el cielo, las fronteras son invisibles. Todos los países tienen algo de qué sentirse orgullosos y, aunque parezca disco rayado, la diversidad es lo que enriquece nuestra experiencia de vida y hace bello nuestro planeta.

«Primero conoce tu país y luego sal al extranjero»

Es común escuchar estas palabras cuando hablamos con otras personas sobre nuestros viajes. Una frase nacionalista que pretende comprometer al viajero a decidir sus travesías basándose en una deuda invisible con su patria que lo obliga a recorrer su propia tierra antes de cruzar sus fronteras.

Respeto a quienes piensan de esa forma. Al final, todos hacemos con nuestro tiempo y dinero lo que mejor nos parezca, pero es justo a ese principio al que quiero apelar: que cada uno decida sus viajes a partir de lo que le interese; que sus itinerarios no estén determinados por un sentimiento o compromiso nacionalista, sino de acuerdo con sus gustos y deseos personales. Con toda sinceridad creo que los viajes son vehículos para cumplir nuestros sueños y, por lo tanto, hemos de decidirlos basados en ellos y no en los sueños de otros.

Para ser honestos, el planeta es enorme y nuestros recursos individuales, como el dinero y el tiempo, son, para la mayoría de los viajeros, limitados. Después de conocer durante mis viajes a muchas personas con intenciones similares a las mías, tengo claro que, si la vida nos alcanzara, recorreríamos cada lugar de esta tierra y le daríamos la vuelta eternamente, para conocer sus maravillas y misterios y para explorar una vez más aquellos lugares que nos marcaron y que serán otros cada vez que volvamos a ellos.

Ve donde tu presupuesto y tu calendario te lo permitan, pero no dejes de viajar y siempre elige el destino según tu propio antojo.

Con esto, de ninguna forma pretendo decir que conocer nuestro propio país no sea importante. Solo hago hincapié en que no es en lo absoluto una obligación patriótica. Desde mi punto de vista, la propia tierra, así como el resto del mundo, debe recorrerse por gusto y no por obligación. Pues, así como en la primaria nos obligan a leer clásicos de la literatura que muchas veces acabábamos odiando por no entenderlos, algo similar puede suceder con los viajes.

La belleza de viajar motivados por un interés genuino y profundamente personal hace que la travesía cobre un nuevo sentido y que absorbamos mucho mejor la información que recibimos y las anécdotas que nos suceden.

No es necesario viajar por tu país para desarrollar un amor a la patria. Yo nunca me he sentido más mexicano que estando fuera de México. Al viajar descubro las similitudes y discordancias que tiene mi país respecto de otros, o lo que personas de otras naciones piensan de él en términos generales, o incluso la visión, a veces distorsionada o idealizada, que se tiene de un lugar por culpa de las películas y de otros retratos limitados del mundo. Descubrir o redescubrir tu patria a través de ojos extranjeros también es algo muy hermoso que te regalan los viajes y eso, muchas veces, se pasa por alto.

Cantinflas y Marruecos

Tánger es una ciudad al norte de Marruecos que, durante 33 años, fue considerada zona internacional, un territorio de 373 km^2, gobernado por una comisión de países como España, Portugal y Francia que fungía como un eslabón entre lo que ahora es Marruecos y Europa. Cuando el país árabe logró su independencia, Tánger se le incorporó. Lo que hace tan especial a esta ciudad costera cercana al estrecho de Gibraltar es que su posición geográfica y su historia han permitido la convivencia, casi siempre pacífica, entre personas de todas las religiones, inclinaciones políticas y morales, así como nacionalidades y culturas. Esto provee a Tánger de un carisma y un caos particular que aun hoy en día sigue latiendo entre sus edificios y brotando por sus calles.

En 2010 Tánger representó mi entrada a Marruecos y el inicio de una aventura de 28 días por este país. La ciudad tiene su encanto, de eso no hay duda. Es en la Medina de Tánger, un cúmulo de comercios y casas antiguas apretado por altas murallas, donde se encuentran la mayoría de los atractivos de la ciudad. Cualquier persona que haya visitado un país árabe sabe que los habitantes de estas naciones tienen un talento particular: una enorme facilidad para los idiomas, lo que les ayuda para ser excelentes comerciantes.

En uno de mis primeros recorridos por la Medina, entré a una joyería en la que vendían bellísimas piezas de plata. La verdad es que no tenía ninguna intención de adquirir nada; apenas tenía presupuesto para el recorrido que haría durante casi un mes de viaje, así que no podía permitirme comprar un artículo de lujo, pero quería mirar un poco. Los habitantes de Tánger son amables y disfrutan platicar con los visitantes, en especial si después de una conversación tienen la oportunidad de venderle algo a su interlocutor. Las charlas casi siempre navegan por el mismo mar superficial: «¿Estás visitando la ciudad?», «¿Cuántos días te quedas?», «¿De qué país nos visitas?».

—¡De México! —le respondí al comerciante con un entusiasmo que no desafinaba con el ambiente de la tienda.

—¡Ah, México! ¡Cantinflas! ¡Cantinflas!

Es normal que en los comercios del mundo se intente conectar con el cliente a través de algún eslabón cultural que une las naciones involucradas en el intercambio comercial, pero entre México y Marruecos esperaba todo menos a Cantinflas. El lector se equivocaría al pensar que quiero desacreditar la enorme y prodigiosa carrera del fantástico comediante Mario Moreno, mejor conocido como Cantinflas; sé perfectamente que su fama es internacional y que sus películas rebasaron fronteras en una época sin internet ni globalización. Es solo que el entusiasmo que logré sentir no solo en los vendedores, sino también en los presentes en la tienda, era genuino y lleno de amor. Esa explosión emocional me hizo sentir de pronto un profundo orgullo por ser mexicano y provenir del mismo país que el gran mimo de la gabardina. La plática se transformó y pude gozar, durante un rato, de las anécdotas y recuerdos de mis interlocutores en relación con las famosas películas de Cantinflas. La escena me pareció fascinante, emotiva y en verdad conmovedora.

Debo confesar que este episodio me tomó por sorpresa y provocó en mí una genuina alegría que me duró todo el día y hoy, al recordarla, regresa de manera placentera. Todos estamos conectados de una u otra forma, pero el hecho de que el veloz intercambio cultural que se da entre naciones pueda provocar que un comediante mexicano forme parte de los recuerdos de personas que viven en Marruecos me parece alucinante, del mismo modo en el que productos audiovisuales de diferentes latitudes y orígenes han formado parte de mi infancia y de la de millones de personas más.

Esta anécdota me hizo sentir profundamente orgulloso de ser mexicano y por las razones correctas: el recuerdo de un artista mexicano legendario que le regaló alegría al mundo. Entendí entonces que los fenómenos culturales generados en mi país, tanto en el pasado como en el presente, conforman, en cierta medida, nuestra identidad como pueblo, tanto para bien como para mal, pero que son parte de nosotros y de la cara que le damos al mundo. Es innegable la enorme afición que hay en países como Chile, Brasil y Argentina hacia *El Chavo del 8*, quizá a un grado mucho mayor que en México. Así que durante un viaje por alguno de esos países no será extraño que Kiko, Don Ramón o la Chilindrina se presenten en una conversación casual con la gente local.

Este tipo de intercambios culturales permiten que la conexión y la empatía entre dos naciones sean más inmediatas y sencillas. Podemos comer diferente, rezar diferente, lucir diferente, hablar diferente, pero debe haber algo que tengamos en común y la cultura, en este caso la cultura popular, es una de esas cosas que en el mundo moderno nos une y nos puede dar identidad.

Lo mismo pasa con la cultura histórica, sobre todo si somos originarios de un país que ha sido conquistado, pues gran parte de quienes somos hoy en día se debe a esa colonización, a esa mezcla de culturas, etnias, gastronomía y creencias que forman nuestra identidad actual, con sus luces y sus sombras. Aunque no seamos conscientes de ello, de modo inevitable, cargamos un pasado. Entender y abrazar ese pasado nos ayuda a comprender nuestro presente y a planificar mejor nuestro futuro.

Nuestra identidad

Una característica del turismo que considero maravillosa es que rescata las identidades de los pueblos en un mundo cada vez más globalizado. Ya he hablado de esto antes, pero vale la pena recordarlo. El viajero, por lo general, se interesa por lo diferente, lo único y lo que hace especial a cada lugar que visita, y esto, en suma, ha propiciado que, en muchos países, la industria turística haya «rescatado» en cierto modo las identidades de los pueblos originarios, y aunque en muchos casos se ha convertido en una especie de explotación cultural, esta forma de conservación a través de la atracción turística es mucho más saludable que dejarlas morir en nombre del progreso.

El amor a la patria, a diferencia de ese nacionalismo exacerbado y un poco ciego del que hemos hablado en este capítulo, nos da herramientas para apreciar, reconocer, valorar y amar la tierra en que nacimos; nos regala uno de los valores más apreciados en tiempos modernos: identidad. Esa identidad que nos hace diferentes, especiales y únicos, pero que bajo ninguna circunstancia nos hace mejores ni inferiores a nadie.

A través de ese amor y seguridad de sabernos poseedores de una identidad es que podemos gritar con orgullo de dónde venimos y compartir con las personas que conocemos lo que nos hace especiales y diferentes. Si queremos verlo así, nos volvemos embajadores de nuestro país.

Cuando viajamos al extranjero, quienes conviven con nosotros se llevan inherentemente una impresión de nuestro país a través de lo que les compartimos. Los países son su gente y para quien no ha tenido la oportunidad de visitar determinada nación, son sus habitantes quienes hablan por ella. Esto nos coloca, de modo irremediable, en una posición de responsabilidad y nos vuelve voceros de nuestros países, aunque no hayamos elegido serlo. Como todo en la vida, la postura de embajador incidental tiene su lado bueno y su lado malo y no han sido pocas las ocasiones en que esa responsabilidad del viajero hacia su origen ha sido completamente ignorada. Cuando un turista comete un acto en alguna nación que no es la suya, no importa que sea algo gravemente insultante o simplemente vergonzoso, rara vez recordamos su nombre, pero casi siempre recordamos su nacionalidad: el mexicano que apagó la llama eterna del Arco del Triunfo orinando sobre ella, el israelí que provocó el catastrófico incendio en Torres del Paine o el estadounidense que se subió sin autorización a la pirámide de Kukulkán. Aunque sea sin desearlo, representamos a nuestra nación, tenemos una responsabilidad y debemos ser conscientes de ella.

No es mi intención aleccionar o dar una guía de cómo debemos comportarnos para no dejar mal parado a nuestro país cuando viajamos, la realidad es que en la enorme mayoría de los casos es la bondad humana la que predomina y las impresiones que obtenemos y dejamos suelen ser positivas. Solo que al ser conscientes, tanto de nuestra identidad como de nuestra responsabilidad de origen, podemos tomar mejores decisiones de comportamiento y respeto cuando viajamos.

No elegimos nacer en el territorio que llamamos patria, pero podemos apreciar esa estirpe, valorarla y sentirnos orgullosos de ella. Nuestra preciosa identidad, sea cual sea, nos hace únicos y especiales y se convierte en una especie de bandera cuando viajamos. Así, somos capaces de determinar qué parte de esa identidad influye en los países que visitamos o qué similitudes aparentemente inconexas tenemos entre nosotros. A miles de kilómetros de casa, he sentido que la piel se me pone de gallina al escuchar un mariachi en Japón, al celebrar el legado de Cantinflas en Marruecos o al reír con *El Chavo del 8* en Brasil.

Nuestra identidad se fortalece y asienta cuando estamos en una tierra ajena, cuando necesitamos aferrarnos a ella para entender quiénes somos. Cuando visitamos un lugar, estamos abiertos no solo a aprender y crecer en nuestro interior, sino a experimentar una de las cualidades más profundas de viajar: compartir.

Podemos sentirnos orgullosos del lugar en el que nacimos y compartirlo con los demás sin restregárselos en la cara. Podemos aprender de diferentes culturas y darnos cuenta de que la nuestra es solo una de ellas. Si cada uno de nosotros es resultado de una mezcla genética y cultural que no puede repetirse nunca, ¿importa dónde nacimos?

LECCIÓN 9

EL MIEDO

Esa tarde cerré mi mochila con las manos temblorosas. Corrí el cierre como pude y me quedé viendo con atención la bolsa que tendría todas mis pertenencias durante las próximas semanas. Esa mochila roja con negro de 70 litros sería una extensión de mí durante el viaje. De cierta manera, sería mi casa.

Siempre que preparo el equipaje tengo la sensación de que olvido algo, ese temor que todos los viajeros sienten: llegar al destino y tener que lidiar con el error de haber dejado algo imprescindible en casa. La enorme mayoría de los olvidos son fáciles de resolver durante un viaje, aunque no siempre baratos, pero en este caso no podía permitirme olvidar nada. Jalé el cierre principal de la mochila en dirección contraria y, como un engendro obsesivo, vacié el contenido sobre la cama para revisar y asegurarme de que llevaba todo, absolutamente todo lo que necesitaba. Saqué las camisetas, los calcetines, los calzones, la ropa de playa, las sandalias, los cargadores para los electrónicos, los artículos de baño y entonces me di cuenta, estaba a punto de cometer un error, no llevaba pasta de dientes. Como tenía el tiempo encima, corrí al lavamanos y tomé una pasta de dientes usada, la de todos los días, y la guardé con nulo cuidado entre toda la ropa y los accesorios que me acompañarían en una travesía de 10 días por Cuba, la enigmática y espectacular isla de Cuba. Mi primer viaje de mochila completamente en solitario.

Antes de visitar un nuevo destino solemos escuchar muchas historias al respecto, la imagen mental que tenemos de los sitios que conoceremos está basada en lo que los demás nos cuentan, en las experiencias e historias ajenas, algunas terribles y otras maravillosas. Hace un par de décadas esto era mucho más significativo, con la ausencia de las redes sociales, el material audiovisual al que podíamos acceder de los lugares del mundo se reducía a películas, documentales y, en algunos afortunados casos, los videos de las vacaciones de algún familiar o amigo que casi siempre resultaban tremendamente aburridos. Tratándose de Cuba, las anécdotas nunca eran aburridas, todo lo contrario.

La mayoría de las personas que han visitado la isla caribeña tiene por lo menos una historia fascinante. Pocos lugares en el mundo navegan tanto entre el mito y la realidad; suelen ser impactantes los relatos que se escuchan sobre uno de los pocos rincones socialistas que quedan en el planeta, tan impactantes que es casi imposible saber cuáles son ciertos. Te cuentan de la escasez, la prostitución, la pobreza, la música, los atardeceres, las sonrisas y las quejas de la gente, te cuentan historias tan variopintas que hacen parecer a Cuba la cuna del realismo mágico.

Cada lugar es de quien lo habita o lo visita y depende de los ojos con los que se recorre, pero esto yo no lo sabía. Las historias que escuchaba sobre el país caribeño siempre eran contadas con pasión, tanto por quienes lo habían visitado como por aquellos que nunca habían puesto un pie en ese territorio isleño. Viajeros de a pie y de imaginación solo agregaban emoción al viaje y, si soy completamente sincero, mucho miedo.

Como dije antes, aquella sería mi primera aventura sin otra compañía que mi mochila roja con negro. Tenía 26 años y los viajes aún no eran una moda tan grande. Planificar un viaje en solitario en ese momento no era algo sencillo, la información no fluctuaba como hoy y había que aferrarse a guías escritas y consejos de personas que ya habían estado en el destino para hacerse de un criterio más o menos certero. Pero la realidad es que estaba asustado, no puedo negarlo. Mi miedo, aunque estaba relacionado a muchos factores, no solamente a viajar a un país con historias tan dramáticas, por momentos me hacía dudar de si esta era la decisión correcta, si viajar en solitario a un país como Cuba era una buena idea. Por mi cabeza pasaban todo tipo de escenarios catastróficos que rebasaban por mucho las histriónicas anécdotas que había escuchado del país, entonces dudaba, me paralizaba y por momentos tomaba en consideración el costo de cancelar el viaje.

Un día antes de partir me senté en un sillón azul que tenía en mi sala en ese tiempo, era muy cómodo, el lugar de la casa donde me gustaba meditar las decisiones importantes. Miraba fijamente el techo mientras organizaba una lista imaginaria de pros y contras de seguir con mi aventura en solitario. Mi corazón palpitaba a un ritmo acelerado y mi mente repasaba cada variable de la situación. Por supuesto que tenía ganas de hacer ese viaje, pero la idea de estar solo durante 10 días en un país desconocido comenzaba a aterrarme. Era demasiado tarde para invitar a alguien y los pretextos que podía inventar para cancelar el viaje no me eran convincentes. Si decidía no ir, todo mundo sabría que soy un cobarde. Y nadie quiere ser un cobarde. Llegué a la conclusión de que mi mente me estaba jugando una mala pasada y que cancelar el viaje era una opción que ahora se me antojaba ridícula. Así que la decisión estaba tomada: *mochila, nos vamos a Cuba*.

El miedo seguía presente. Tomé mi equipaje, salí de mi casa —no sin antes revisar tres veces que había cerrado todas las puertas y ventanas— y me subí al taxi que me llevaría al aeropuerto de la Ciudad de México. Dejé atrás la zona de confort y me encaminé a la aventura. Con miedo, pero decidido.

El vuelo no tuvo nada de especial, fue al aterrizar en suelo cubano que todo comenzó a ser diferente. No puedo explicarlo, pero lo sentí de inmediato; me pareció increíble cómo, a solo un par de horas de vuelo de distancia, la realidad era completamente otra. Al llegar contraté un taxi para ir a la casa particular donde me hospedaría.

Era 2007, una época sin Instagram, TikTok ni Airbnb. Cuba, como muchos otros países socialistas o exsocialistas, había apostado al turismo como importante fuente de ingresos federales, en especial después de la caída de la Unión Soviética, sin embargo, la infraestructura de la industria turística no estaba tan desarrollada como en los países capitalistas, particularmente los hoteles. Así que comenzaron a implementar un modelo de hospedaje en el que las casas particulares servían como una especie de hoteles boutique. Sin saberlo, esta red de casas se convertiría en uno de los principales atractivos de visitar Cuba. Las razones eran claras y sencillas. Hospedarte en una casa particular te permite convivir con una familia local y conocer de cerca la visión que tiene de su país. Algunas de estas construcciones son auténticos palacetes erigidos durante la época de abundancia en la isla, por lo que suelen ser lugares muy bonitos con techos altísimos y paredes decoradas. Las casas particulares eran en ese tiempo prácticamente la única manera en la que un residente podía tener una especie de negocio propio, así que para muchos de los propietarios significaba un cambio radical en su modo de vida.

Otra de las razones por las que las casas particulares eran y son una de las opciones de hospedaje más populares en Cuba no es del todo positiva. Este es uno de los principales destinos del turismo sexual en el mundo y, a pesar de los esfuerzos de las autoridades por disminuir esta situación, la escasez que golpea a la población no ayuda a lograrlo. Como parte de un esfuerzo del gobierno por disminuir la prostitución, hasta hace poco las cubanas y los cubanos no tenían permitido la entrada a los hoteles, no obstante, no había prohibiciones para ingresar a las casas particulares, por lo que las personas cuyo motivo de visita a Cuba era el sexual, solían optar por dicha opción de alojamiento.

Con la recomendación de un amigo que ya había estado en la isla, me hospedé en una casa preciosa en El Vedado, un barrio que solía ser uno de los más ricos de La Habana y donde se ubican algunas de las casas más bonitas de la ciudad. El lugar era enorme, con unos techos altísimos y paredes blancas decoradas con yeso cuyo deslavado color era señal del paso del tiempo, del cambio de época. La familia que me recibió era encantadora y mantenía el lugar en excelentes condiciones, pero mi cuarto era mucho menos glamuroso que el resto del edificio. La habitación para huéspedes antes había estado asignada al personal de servicio de la casa, cuando los propietarios podían permitírselo. El cuarto estaba al fondo del terreno, en la parte superior de un patio trasero al que se accedía por unas viejas escaleras de metal; era pequeño, con una cama individual en una esquina, un buró muy sencillo, una lámpara igual de sencilla y una radio en la que podían escucharse eternas conversaciones entre Fidel Castro y Hugo Chávez, charlas casuales cargadas de elogios casi románticos. A pesar de la austeridad, mi habitación contaba con dos enormes ventajas, casi lujos: tenía baño privado y un acceso individual que podía usar durante las noches sin necesidad de atravesar la casa entera. Pagué 35 pesos convertibles por noche, el equivalente a 35 euros. Barato no era.

Recién llegué, los habitantes de la casa me explicaron todos los pormenores de la capital, cómo tomar un taxi, dónde comer y cómo funcionaban las dos monedas locales. En Cuba había dos monedas corrientes: el peso cubano, la moneda que usaban todos los habitantes de la isla, y el peso convertible CUC, la única moneda con valor internacional que se cambiaba uno a uno con el euro. Llevar dólares o usar la tarjeta de crédito eran pésima idea; además de que en poquísimos lugares aceptaban esos métodos de pago, el cambio del dólar representaba una penalización de 25% debido al embargo de Estados Unidos. Los turistas se veían prácticamente obligados a usar tan solo el peso convertible, abordar solo taxis turísticos —para lo cual yo tenía que ir a un hotel que se encontraba a dos cuadras de la casa donde me hospedaba— y comer nada más en lugares asignados a turistas. Eso sí, podía andar libremente por la ciudad.

Incluso después de la hospitalidad y las atinadas recomendaciones de mi familia anfitriona, el miedo seguía en mí. Todo era tan diferente, fascinante e intimidante que me sentí abrumado. Mi realidad era otra, pero mis ganas de conocer y adentrarme en las entrañas de un país como Cuba me ayudaron a no perder ni un minuto.

Los primeros días fueron muy productivos. Caminé distancias maratónicas, platiqué con muchísimas personas después de perder la desconfianza que muchos viajeros me inocularon respecto de los locales, comí donde me lo permitían y tomé tantas fotos y videos como pude.

Una de las cosas que más llamó mi atención fue la ausencia de publicidad en las calles. Ningún espectacular, ningún letrero anunciando nada que no fuera la revolución. Todos los espacios públicos asignados para publicidad, que no eran muchos, estaban dedicados a la propaganda; cargados de letreros que enaltecían la revolución o el socialismo y mostraban imágenes del Che Guevara o frases representativas de Fidel Castro. Incluso junto al edificio que hacía entonces de embajada para Estados Unidos o Sección de Intereses de los Estados Unidos en la Habana, dependiendo del clima político, había una serie de espectaculares en contra del imperialismo; uno de ellos tenía el rostro de George W. Bush, presidente en ese entonces de Estados Unidos, en el que se le veía con unos dientes de vampiro manchados de sangre junto a un enorme letrero que decía ASESINO.

Todas las mañanas salía nervioso de mi habitación, pero tomaba la decisión consciente de salir a explorar, aunque me diera temor. Nunca me arrepentí. Los recorridos por la ciudad y el adentrarme en su historia me regalaron momentos en verdad inolvidables. Poco a poco empecé a perder el miedo y comencé a sentirme cómodo, la zona de confort se fue transformando y lo nuevo se convertía en mi pequeña rutina. Viajar solo no era tan complicado como pensaba.

El tercer día visité la Universidad de La Habana. Mientras disparaba mi cámara en las fotogénicas escaleras de la entrada principal de la institución, dos individuos se me acercaron con actitud en extremo amigable y efusiva. Muchos cubanos tienen un «don de gentes» y un carisma nato que es difícil de ignorar y como yo ya me encontraba más cómodo en el país abracé la charla sin pensarlo mucho. A pesar de que parecían considerablemente mayores que yo, me dijeron que eran estudiantes de la universidad, después de todo, ¿quién era yo para dudar? «¿Qué tal que en Cuba las licenciaturas duran 20 años? Tal vez este par de "veteranos" ha reprobado muchas veces», pensé y me abrí a la conversación. Decidí confiar.

Los supuestos estudiantes me invitaron al supuesto bar donde supuestamente Ernest Hemingway disfrutaba de sus icónicos mojitos. Yo sabía que había algo sospechoso en la invitación tan cordial y entusiasta de mis nuevos mejores amigos, pero en esa época yo ya cargaba con dos cosas: una cámara de video y un complejo de periodista empírico. La duda y la sospecha eran tan visibles en mi cara que los dos «universitarios» tuvieron que hacer más interesante la invitación.

—¡Vamos! Y así conoces la realidad de Cuba, esa que está fuera de los sitios turísticos —me dijo uno de ellos.

Esa fue la carnada atravesada por el anzuelo que me hizo aceptar. Así que comencé a caminar detrás de ellos por los barrios populares de La Habana.

Debo aceptar que el recorrido fue por demás interesante. En efecto, los barrios por los que caminamos no eran parte de las rutas turísticas y a primera vista no logré encontrar a otro visitante extranjero además de mí. La capital posee un encanto muy particular que provoca sensaciones agridulces, las décadas de deterioro en sus edificios les han dado a las paredes un aspecto de encanto nostálgico y fotogénico que se traduce en impactantes imágenes que muestran una belleza particular de la austeridad y el desgaste. La estética de la carencia o la ausencia de pretensión, la cinematografía de la pobreza o la belleza de lo esencial. Las calles por las que caminábamos habían visto sus mejores años décadas atrás. Estaba asombrado, con miedo, pero asombrado.

Después de unos 20 minutos llegamos al bar en el que Hemingway supuestamente se tomaba sus mojitos, hecho histórico de dudosa verosimilitud, pues el local a duras penas tenía el atractivo para llamar la atención de cualquier mortal, menos la de una leyenda de la literatura. Al final, el pasado del autor de *El viejo y el mar* no era importante, lo que yo quería era escuchar la historia de «la verdadera Cuba» de viva voz de un cubano dentro de la isla. Mis nuevos amigos pidieron tres mojitos y, después de brindar con una desgana inversamente proporcional a la algarabía con la que me habían interceptado en las escaleras de la universidad, uno de ellos comenzó a contarme su historia y la situación sociopolítica en la isla. Me compartió su versión de lo que yo había escuchado antes y que parecía ser vigente en 2007, cuando sucedió esta anécdota. Me contó que no podía salir de la isla si no era invitado por un extranjero, que podría ir a la cárcel si hablaba en público en contra del gobierno, me dio detalles de la libreta de racionamiento con la cual el gobierno les otorga alimentos y relató para ese Alan asustado, pero comprometido con la aventura, una variedad de historias que comenzaron a aterrizar en mi mente de forma borrosa mientras el ron empezaba a hacer efecto en mí. Bastaron dos mojitos cargados para que yo ya estuviera por completo alcoholizado. Mis anfitriones me convencieron de comprarles un paquete de cigarros cubanos de dudosísima calidad y cuando sentí que ya estaba peligrosamente borracho les pedí que termináramos la tertulia y pidiéramos la cuenta.

La cuenta llegó en una pequeña hoja de papel escrita a mano y, por supuesto, en ella se incluían todas las bebidas de la mesa, además de un jamón frito que nunca vimos con el pretexto de que para poder vender bebidas alcohólicas era necesario consumir algún alimento. El total era una cantidad exagerada. En ese momento me di cuenta de que me habían visto la cara y ahora debía pagar unos mojitos como si estuviera en un sofisticado lounge de Nueva York simplemente porque sí. Yo no estaba en condiciones de poder alegar mucho, el bar que con seguridad nunca había pisado Hemingway comenzaba a dar vueltas y mi voz requería un esfuerzo extra para expulsarse de forma clara y potente, pero sabía, sin lugar a dudas, lo que estaban haciendo; básicamente, me estaban robando. Me acerqué a mis antiguos amigos, ahora timadores, y les dije con la mayor dicción que mis niveles de alcohol me permitían:

—Sé que me están viendo la cara, pero no tengo las fuerzas ni la sobriedad como para pelear, que les aproveche.

Pagué y, muy molesto, salí del lugar. El par de sujetos me alcanzaron y con miles de explicaciones trataron de convencerme de que no era un timo, que los turistas debíamos pagar esos precios porque «así era la isla» e insistieron en llevarme de vuelta al punto donde nos hicimos amigos, lo cual les agradezco porque hoy me doy cuenta de que yo no habría sabido el camino de regreso.

Me despedí de ellos y seguí con mi día. A ratos me sentía molesto por haber caído en un timo de esa naturaleza y que me vieran la cara de turista, pero por otro lado sonreía al saber que tenía una historia que contar. El miedo había jugado un papel importante en esa historia; sentí miedo en muchos momentos. Miedo de aceptar la invitación, de ver a dónde me llevaban, de que me hicieran algo cuando me di cuenta del timo, de no saber cómo volver al sitio donde inició todo. Pero al final lo hice y para nada me arrepiento.

Cuando viajamos, sentir miedo es completamente natural. Lo hemos escuchado y leído en muchas partes, el miedo es un mecanismo precautorio que busca protegernos de peligros, reales o imaginarios, y está en nosotros lograr ese equilibrio entre la precaución y la paralización. Y aquí está la clave. Sin importar si los peligros son reales, el miedo que nos provocan sí lo es.

Aunque estoy lejos de ser psicólogo o psiquiatra, sé que dentro de los niveles de miedo que existen, algunos pueden llegar a convertirse en fobias o incluso inhabilitar a ciertas personas para hacer una vida. No puedo hablar de esos casos, pues deben tratarse de manera profesional. Pero sí me gustaría hablar de ese miedo que sentimos todos de manera regular y que nos previene de hacer algo que no es necesariamente negativo.

En el segundo capítulo hablé de la zona de confort y de los viajes como una ruta para salir «placenteramente» de ella. Al final, el miedo es una de las razones que nos detienen para salir de la zona de confort, como si se tratara de una frontera que no podemos cruzar. Me gustaría hacer hincapié en que esto es del todo normal, no tiene sentido sentirnos mal por tener miedo a salir de la zona de confort, a todos nos cuesta trabajo el cambio; es mucho más cómodo quedarnos donde estamos. ¿Quién le dice que no a la comodidad? Lo importante, en mi opinión, es saber distinguir cuando el miedo nos está llevando a tomar malas decisiones o a truncar nuestro crecimiento u oportunidades de conocimiento.

Las personas valientes no son las que no sienten miedo, sino las que hacen las cosas a pesar de él, acompañadas del miedo mismo. Es un instinto natural, está hecho para protegernos y estará siempre con nosotros, pero es una decisión abrazarlo y aprender a saltar con él. El miedo, más que vencerse, se acompaña.

Cuando viajamos aprendemos a acompañar a muchos de nuestros miedos porque si bien viajar puede representar muchos riesgos reales como morir intentando llegar a la cima del Everest o tener un accidente común en carretera, las probabilidades siempre son bajas. Está claro que hay actividades más riesgosas que otras, toda experiencia vital se compone de cierto grado de riesgo, pero al viajar aprendemos a decir que sí a muchas cosas nuevas e inciertas y cada vez que lo hacemos estamos venciendo el miedo.

Durante un viaje nos enfrentamos a todo tipo de decisiones y son estas las que marcan el curso de nuestra travesía. Cada una de estas decisiones está acompañada de distintos niveles de temor, desde algo tan simple como temer que no nos guste el platillo que acabamos de pedir en un restaurante local hasta el miedo de tomar una decisión que pueda poner en riesgo la aventura completa. La buena noticia es que el nivel de miedo muchas veces depende de nuestra capacidad para manejar el estrés. Es posible aprender a navegar con el temor, a entenderlo, abrazarlo y no dejar que nos paralice.

En los más de 10 años que tengo con Alan x el Mundo, las preguntas sobre el miedo y cómo vencerlo han sido de las más recurrentes. Nuestros distintos temores pueden detenernos de realizar el viaje de nuestros sueños, como a mí me estaba sucediendo antes de ir a Cuba.

El miedo a volar es uno de los más comunes. Para muchas personas es algo soportable que se puede trabajar, pero hay casos en que es patológico y debe tratarse con un especialista. Por ello es importante diferenciar el tipo y el nivel de miedo que estamos sintiendo.

Cuando viajamos y nos atrevemos a enfrentarlos, por muy pequeños que sean, es común darnos cuenta de que nuestros miedos son mucho peores que la realidad. De manera pesimista o fatalista, nos anticipamos al peor escenario, uno que raras veces se cumple y que solo nos predispone. Al final, nos damos cuenta de que no es tan terrible como lo imaginábamos. Rara vez nos arrepentimos de enfrentar nuestros temores, en la mayoría de las ocasiones siempre queda un «saldo a favor». Lo importante es recordar que todos sentimos miedo, incluso esa persona que admiramos porque la consideramos valiente se atemoriza como nosotros. Para disminuir esta sensación, debemos tomar decisiones.

Columpio al cielo

En 2017 hice un recorrido de 30 días por Nueva Zelanda. Renté una *campervan* que bauticé como *Juanita* e hice un viaje en ella por las carreteras de las dos espectaculares islas, desde Auckland hasta Queenstown. Los paisajes no dejaron de asombrarme en ningún momento y todas las experiencias resultaron maravillosas. Lo digo y se lee fácil, como si el viaje entero hubiera sido más una fantasía en la que todo cae en su lugar a la perfección. Pero no, durante ese viaje enfrenté varios miedos, sobre todo a tener un accidente y lesionarme, pero me atreví a experiencias del todo nuevas para mí, como conducir una *campervan* por el carril izquierdo a través de sinuosas carreteras libres de dos carriles; también volé un dron por primera vez con el enorme riesgo de que los fuertes vientos hicieran de las suyas, y me enfrenté a demandantes desafíos físicos practicando deportes extremos en la isla sur.

El miedo no me impidió conducir por esas bellísimas carreteras, tomé el volante con temor y lo convertí en precaución. Manejar del lado contrario al que estaba acostumbrado no fue tan complicado como pensaba y la mayor parte del tiempo las vías estuvieron prácticamente vacías. Hoy lo repetiría sin dudarlo.

Volar un dron por primera vez también me ponía muy nervioso. Acababa de aprender a hacerlo y sentía que era un paso que tenía que dar para llevar los videos de mi canal al siguiente nivel. Cada vez que elevaba el dispositivo, mis manos sudaban y me aterraba pensar que podía caerse, perder señal o sencillamente estrellarse contra algún acantilado. Volé el aparato, con miedo, pero lo volé, y muchas veces. Aún con ese temor, cuando aterrizaba y sabía que había obtenido unas tomas épicas, me sentía muy orgulloso de mi pequeño logro. No vencí al miedo, lo eché a volar.

Pero quizá el miedo más grande era saber que al visitar Queenstown, la capital mundial de los deportes extremos, irremediablemente tendría que practicar alguno como parte de mi experiencia en Alan x el Mundo. Ya había tenido oportunidad de saltar en paracaídas en una ocasión, pero esta parte del planeta es famosa por ser la meca del *bungee jumping*. Nunca en mi vida me he atrevido a aventarme del *bungee*. He intentado muchas cosas en mis viajes, pero ese salto mortal al vacío no está en absoluto en mi lista. Ante las más persistentes invitaciones, suelo usar como pretexto mis problemas de espalda baja, pero debo confesar que tan solo el hecho de pensar en saltar amarrado de una liga me paraliza, me aterra. ¿A quién demonios se le ocurrió semejante cosa?

Además de ser uno de los sitios más populares en todo el mundo para practicar este deporte, en Queenstown se encuentra uno de los saltos *bungee* más altos del planeta. Yo sabía que no había forma de que lo hiciera, pero en este mismo lugar se encuentra también el columpio más alto del mundo, una caída en péndulo de 150 metros que se recorren amarrado únicamente con un arnés que hace las veces de asiento de columpio, ya es decisión de cada quien aventarse sentado, de espaldas o de cabeza. Tres segundos de caída libre hacia el vacío. Me convencí de hacerlo, quería vivir esa experiencia que para mí estaba una rayita abajo del salto *bungee*, pero casi igual de temeraria y, además, resultaría un gran material para mi blog, así que reservé un turno para aventarme.

Una noche antes no podía ni dormir. Cuando llegaba a hacerlo, soñaba que el columpio se rompía y yo caía al vacío, que algo salía mal y la tragedia no solo era irremediable, también increíblemente dolorosa. Pasé una noche fatal. Por mi mente atravesó decenas de veces la idea de inventar algún pretexto para cancelar la aventura, pero eso también me daba miedo. Por irónico que parezca, me daba miedo ser cobarde.

Por la mañana, empaqué todo el miedo que sentía en mi pequeña mochila y apenas quedó espacio para las cosas que necesitaría, después me dirigí a las oficinas para registrarme.

Una vez que observas tu firma en un documento en el que aceptas y declaras que estás a punto de hacer esa locura por voluntad propia —porque tu vida no es suficiente y necesitas sentirte vivo o simplemente porque te falta un tornillo—, acabas de deslindar a la empresa de toda responsabilidad en caso de que algo falle o de que el encargado olvide cerrar bien tu arnés por estar entretenido en Instagram y este incidente resulte en heridas y lesiones de todo tipo o, muy probablemente, tu muerte. Así que, si muero es porque yo asumí el riesgo y hasta firmé un papelito, mira nada más. ¿En qué estaba yo pensando?

Después de firmar tu sentencia, pasa por ti un transporte que te lleva al punto donde se realiza la actividad, a unos 40 minutos del centro de la ciudad. En el trayecto no podía dejar de pensar si volvería vivo —recordemos que el miedo deposita en nuestra cabeza peligros reales e imaginarios—; llegamos al sitio, me bajé con una curiosa temblorina en las piernas que intenté disimular con todos mis dotes aprendidos en las escuelas de actuación y me dispuse a esperar «tranquilamente» mi turno. Unos minutos después fui llamado para colocarme el arnés y acercarme al punto desde el que te lanzas al vacío.

Una especie de canastilla flotante es el centro de operaciones y se llega a ella a través de un puente colgante, allí mismo revisan que todo esté bien con tu arnés y te dan las indicaciones finales. El puente debe medir unos 10 metros de largo y desde allí se puede ver el precipicio por el cual estás a punto de aventarte. Delante de mí, avanzando hacia su destino, caminaba un chico de unos 23 años con rasgos asiáticos, sus pasos eran lentos y se aferraba con tal fuerza a los barandales del puente que hacía pensar que su vida dependía de eso, y de cierta forma así era. Era evidente que el chico estaba infinitamente más aterrado que yo, esto redujo un poco mi desconfianza y avancé a paso normal hacia mi propio destino. No tardé en alcanzarlo, casi al final del puente; su paso era cada vez más lento, tembloroso y errático.

—¿Estás bien? —le pregunté.

—Sí, es solo que tengo vértigo y me aterran las alturas —me contestó con una cara de terror como si hubiera visto a todos sus antepasados en un instante.

—Perdona que te lo pregunte, pero si tienes miedo a las alturas ¿por qué vas a hacer esto?

Él me miró con los mismos ojos de terror y, mientras intentaba sonreír, me respondió:

—Porque ya quiero dejar de tener miedo.

Amé su respuesta. Caminamos un poco más y llegamos a la canastilla de lanzamiento. Llegó su turno, yo era el siguiente.

Antes de aventarte, puedes ver desde uno de los extremos de la canastilla cómo las personas delante de ti se lanzan al vacío entre gritos que rebotan entre las paredes del acantilado, lo que hace que la adrenalina inunde tu cuerpo como un tsunami de nerviosismo que pocas veces he sentido en mi vida. El chico con vértigo no paraba de moverse, las manos le sudaban y su cara expresaba una extraña mezcla de excitación y terror que no sabría muy bien explicar. Juré que no se atrevería, que llegado el momento su miedo lo paralizaría y tomaría la decisión de no hacerlo. No solo estaba equivocado, cuando llegó su turno, pidió que no le avisaran en qué momento soltarían el columpio y, además, pidió lanzarse de cabeza, la forma más desconcertante de hacer lo que ya en sí carece de sentido. Su cuerpo colgaba invertido en el columpio y la sangre comenzaba a cargarse en su rostro, el sonido del clic que hace el arnés al ser liberado rompió un silencio absoluto y el cuerpo del chico cayó al vacío de forma estrepitosa mientras su grito eufórico se perdía en la distancia. Al volver, su gesto era otro, parecía que había regresado una persona distinta de ese viaje en columpio hacia la nada; estaba feliz, había tomado su miedo, su terror, y lo volteó a su favor. Lo que ese chico hizo fue admirable.

Para cuando llegó mi turno me sentía embargado por el miedo y el temor, pero sabía que tenía que hacerlo. A diferencia del chico anterior, yo escogí la manera tradicional de aventarte para poder ver el acantilado, y me preparé lentamente. Comenzaron la cuenta regresiva y, al momento de soltarme, sentí como si el alma se hubiera quedado en la canastilla y solo mi cuerpo era lanzado al vacío de forma veloz y escandalosa; perdí la noción del sitio donde estaba y por un momento estuve convencido de estar volando. Tres segundos de caída libre, tres segundos en los que nada ni nadie te sujeta al mundo. La libertad, la vida, la muerte, el viento, el frío, tus alas. Sentí entonces la tensión de los cables y el columpio comenzó su péndulo. Grité, grité muchísimo. El miedo que sitiaba mi cuerpo se había transformado en un instante en adrenalina que me provocó una euforia que pocas veces he experimentado. Volví a gritar. Me encantó, fue maravilloso. Tuve miedo, pero lo hice con miedo.

La cantidad de cosas que temo es enorme. El mar es una de ellas. Subirme a cualquier tipo de embarcación representa para mí un profundo temor que he sabido manejar con el tiempo; lo hago, me subo al bote, catamarán, crucero o panga, pero no dejo de sentir miedo. Quizá la clave es que me da más miedo dejar pasar la experiencia de algo que me aterra pero me atrae que la experiencia en sí. Así que me aviento. Digo que sí.

El abismo de la noche

Algo así me pasó en Tailandia cuando hice mi certificación de buceo Advanced en la isla Koh Tao. Para obtener el certificado que te permite bucear a mayores profundidades, en pecios y hacer inmersiones nocturnas es necesario haber practicado todas estas variables antes. El mar es una idea que me provoca miedo y fascinación por partes iguales. Las profundidades y los barcos hundidos no son algo que me provoquen mucho temor, pero las inmersiones nocturnas no estaban en mi radar, el simple hecho de imaginarlo me ponía los pelos de punta. Si aventarse al mar en plena luz del día ya representa varios riesgos, hacerlo de noche aumenta considerablemente las probabilidades de separarte del grupo o salir a la superficie y que una embarcación no te vea y te pase por encima, por mencionar solo dos cosas, aunque después entendería que estos temores no eran del todo ciertos. Pensar en arrojarme a ese inmenso cuerpo de agua en plena oscuridad me aterraba sobremanera, pero sabía que tenía que hacerlo. Si quería mi certificación, vencer aquel miedo era un requisito indispensable. Así que no había opción.

Igual que con el columpio más alto del mundo en Nueva Zelanda, un día antes de la inmersión nocturna pasé una noche terrible, imaginando todos los posibles escenarios catastróficos que podían suceder en mi primer buceo nocturno: perderme en la oscuridad, quedarme sin oxígeno o ser atacado por alguna criatura marina, esas cosas terribles que los profesionales del sobrepensamiento solemos manejar en nuestras eternas películas mentales. Pero, llegado el momento, la experiencia fue por entero diferente; si bien toda actividad tiene sus riesgos —vivir, por ejemplo—, el buceo nocturno es fascinante, los peces y animales marinos que se observan durante la noche son completamente diferentes a los que aparecen durante el día. Los colores, las distintas tonalidades de azul profundo, el sonido de mi respiración, la sensación de flotar y la calma acallaron el terror que sentía antes de lanzarme al agua. Después de vencerlo, pude comprender que ese miedo estaba alimentado casi en su totalidad por películas imaginarias que había dejado correr en mi mente una y otra vez y que poco tenían que ver con la realidad.

Al final, eso es lo que sucede, lo que pasa por nuestra mente suele ser poderoso, exagerado y alejado de la realidad. Nuestra imaginación es tan potente que nos creemos el cuento. Es algo que vivimos todos de distintas maneras, a veces la batalla es tan solo con nuestros peores pensamientos, que nos atacan como fantasmas descalzos que entran sin avisar en los momentos menos esperados. Tal parece que no hay manera de evitar la visita de esos fantasmas y, aunque este libro no pretende ser una guía de autoayuda, sí creo que existen muchas herramientas que nos pueden servir para navegar entre ellos: la terapia, los viajes, la lectura, la música y, en casos específicos, el acompañamiento profesional.

Nuestros miedos son nuestros, son parte de quienes somos y es mejor que nos hagamos a la idea de que nos acompañarán siempre. Viajar puede ser un excelente ejercicio para trabajar nuestros temores.

Es momento de confesarte algo muy íntimo: yo sigo teniendo miedo cada vez que viajo, pero sigo viajando, viajo con miedo. Y nunca me arrepiento.

Un barco viejo en lo profundo del mar

Si alguien hace unos años me hubiera dicho que me convertiría en el primer mexicano en bajar a los restos del *Titanic*, me habría dado un ataque de risa. Para empezar, yo no tenía idea de que eso fuera posible, porque hasta hace poco no lo era. Además, es de esas cosas que suenan tan irreales, tan lejanas, tan imposibles que no hay forma de que una idea semejante se hubiera planteado en mi cabeza. Pero lo hice.

Al inicio de la pandemia decidí dedicarme a acomodar mi casa y mi vida, organizar mis prioridades, terminar de escribir proyectos que tenía pendientes y adoptar algo que hacía muchos años no tenía: una rutina. Debido al intenso ritmo de vida que llevaba antes de la pandemia, cada uno de mis días era completamente diferente al otro, tanto en horarios como en actividades, lo cual es fascinante, pero, después de 11 años, el hecho de no poder tener una rutina tiene su precio: aumento de peso, pérdida de amigos, algunas relaciones románticas fallidas y decenas de eventos sociales a los que no puedes asistir. Esto no es en lo absoluto una queja, solo quiero mencionar algunos de los costos que tiene la vida que elegí y que felizmente aceptaba, pero, cuando todo el mundo se paralizó y nos quedamos encerrados en casa, me encontré con la posibilidad de adoptar una rutina que hacía más de una década no había tenido.

Me levantaba todos los días a la misma hora, me preparaba el desayuno, hacía mi rutina de ejercicios, trabajaba, me preparaba la comida, regresaba a trabajar y por la tarde-noche me ponía al corriente con todas las series y películas que tenía pendientes. Al no poder viajar, la pandemia fue también una gran oportunidad para replantearme lo que estaba haciendo con Alan x el Mundo y hacia dónde quería dirigir el proyecto en su nueva etapa. Sentí la necesidad de llevar mi blog un paso más allá y pensar en aventuras que no estuvieran al alcance de todos pero que yo, a través de mi cámara, podía llevar hasta las pantallas de las personas que me siguen. Pensar fuera de la caja, le dicen.

Miriam y Karla, dos de las personas que más años tienen en mi equipo de trabajo, me enviaron un artículo que hablaba sobre una empresa que estaba iniciando las primeras visitas turísticas a los restos del *Titanic*. Decidí investigar un poco y llené una solicitud para agendar una cita por Zoom en la que me explicarían los detalles de esta aventura. Pensé que costaría tanto dinero como ir al espacio, pero no perdía nada con tener esa videollamada.

Unos días después de mi investigación me conecté para la junta virtual. Durante la llamada, una de las representantes de dicha empresa me explicó los detalles de la expedición, el precio y los requisitos. El costo era de 125 000 dólares estadounidenses por un asiento en una inmersión de ocho horas en un sumergible de cinco personas que, dicho sea de paso, era un modelo experimental que se estrenaría en ese evento. Nunca antes se había probado la nave a esa profundidad, 3 800 metros debajo del nivel del mar.

Sabemos tan poco de las profundidades del océano que hay muchas personas que no logran dimensionar lo que esto significa, para contextualizar, el certificado de buceo Advanced que obtuve en Tailandia me permite bucear a profundidades no mayores a 30 metros, mientras el récord de buceo profesional es de 332 metros, algo insólito. La única forma de bajar a profundidades tan grandes como 3 800 metros es con sumergibles especializados extremadamente costosos de los cuales hay poquísimos en el mundo. ¿Miedo?

Miedo sentí con toda la información que recibí, pero al mismo tiempo me parecía una oportunidad única para hacer algo novedoso en mi canal, algo que nunca antes se había intentado y, de cierta manera, hacer historia. Solo me faltaban los 125 000 dólares, así que me di a la ardua tarea administrativa de conseguirlos. Fui muy afortunado, debo decirlo, varias marcas se interesaron en el proyecto y decidieron aportar a la aventura. Así que esta idea loca de bajar hasta el *Titanic* estaba a nada de convertirse en realidad. Reuní todo el capital, hice la transferencia y, sin más, mi lugar estaba asegurado. ¿Miedo? Sí, mucho. Pero ya era un hecho, ahora mi cobardía me podía salir muy cara.

Puedes ver los pormenores de esta aventura en mi canal de YouTube. Aquí quiero compartir algo que no se alcanza a transmitir en mis videos, la sensación que tuve al hacer esta inolvidable inmersión. Bajar en un sumergible experimental a casi 4000 metros de profundidad es algo que implica muchísimo riesgo, yo estaba plenamente consciente de que las cosas podían salir mal. Si algo fallaba dentro del sumergible, la muerte sería instantánea, por otro lado, si el sumergible se quedaba atascado con alguna pieza del barco, no había forma de que nos rescataran; se necesitaría otro sumergible capaz de bajar a esas profundidades para liberarnos y el único disponible estaba en otro continente, tardaría mucho en llegar y los preparativos, como pude comprobar, no eran una tarea sencilla. La nave cuenta con asistencia de oxígeno para cinco días, por lo que moriríamos de asfixia antes de que se pudiera hacer algo.

Nunca había estado tan nervioso antes de un viaje como aquel julio de 2021, cuando salí de mi casa para intentar esta aventura por primera vez desde las costas de Canadá. De todas mis travesías, esta sería, por mucho, la más temeraria. Por primera vez en mi vida sentí que estaba haciendo algo que de verdad ponía en peligro mi vida y comencé a cuestionarme muchísimas cosas. Me pregunté si no estaba llevando muy lejos mi trabajo, al borde de ponerme en peligro para crear contenido, o si el hecho de poder reunir tal cantidad de dinero debería ser por otros motivos, principalmente altruistas, y sobre todo me cuestioné mi existencia, buscaba sin parar una confirmación de que estaba listo para hacer algo de esta magnitud y así, si las cosas no salían bien, pudiera irme tranquilo de este mundo. Sé que suena catastrófico, pero eso es lo que hace el miedo, llevar las situaciones al peor resultado posible.

Si has visto mis videos sobre esta aventura, sabrás que en la primera expedición no me fue posible bajar a los restos del *Titanic*, sin embargo, pude ser testigo de la primera inmersión exitosa del sumergible experimental, un logro histórico, pues fue el primero hecho con fibra de carbono en bajar a semejantes profundidades. Así como lo lees, aquella ocasión en que llegó hasta los restos del *Titanic* fue la primera vez que ese vehículo descendía a tal hondura del océano. Para suerte de todas las personas involucradas en el proyecto, pero sobre todo para la tripulación, la misión se logró en el primer intento. Aunque, claro, pasaron todo tipo de cosas: fallas en el sonar, en los sistemas de comunicación y se presentaron diversos problemas con el mecanismo de recuperación del sumergible, lo que hizo que estuvieran en el agua 17 horas esperando a ser remolcados a la superficie. Estos problemas son normales, los científicos que nos acompañaban en la expedición, quienes ya habían bajado a los restos del famoso barco en expediciones científicas anteriores, nos explicaron en todo momento que siempre hay problemas. ¿Más miedo?

En 2022 viajé de nuevo a Canadá para intentar la inmersión una vez más. En esa ocasión, a diferencia del año anterior, todo pasó demasiado rápido. Apenas llegamos al lugar donde se encuentran ubicados los restos del legendario barco se nos anunció que intentaríamos la inmersión al día siguiente. ¿Miedo, yo? Terror, para ser honesto.

Y así fue, todo pasó demasiado rápido, cuando menos lo pensé ya estábamos los cinco tripulantes encerrados en un cilindro de fibra de carbono y titanio, a bordo de un sumergible experimental con la esperanza de que todo saliera bien y esas no fueran nuestras últimas horas de vida.

Me hundía hacia el fondo del mar en un reducido espacio en el que apenas podía estirar las piernas, tenía un baño portátil que debía usar, frente a todos, solo en caso de emergencia. Bajábamos unos 40 metros por minuto hacia la oscuridad del fondo marino. Hasta ese punto de la Tierra que, al momento de escribir esto, solo han visitado 267 personas, mucho menos personas que las que han estado en una estación espacial en la historia de la humanidad. Ya no había tiempo de pensar en el miedo, si algo estaba destinado a suceder, nada podría haberlo evitarlo, así que me entregué a la experiencia.

Estar frente a los restos del *Titanic* es algo que difícilmente olvidaré, me marcó por muchas razones, pero en especial por haberme permitido navegar el miedo a mis propios límites, a lo desconocido, a todo: a crecer, a descubrir, a morir; el miedo a vivir.

El miedo que nos paraliza no sirve de mucho pero, como ahora podemos comprobar, sentir miedo no solo es normal, muchas veces es necesario, porque cuando logramos cruzar esa tormenta de temor, duda e incertidumbre nos espera una nueva versión de nosotros mismos del otro lado. El miedo sirve, si sabemos usarlo a nuestro favor. El miedo no nos pertenece, nos acompaña, y vencerlo viajando nos puede ayudar a entender que en nuestro día a día debemos tomar decisiones para volver nuestra existencia algo memorable.

Hablo del miedo porque lo conozco de cerca. He viajado muchas veces con él y también hemos dormido juntos interminables noches. Aunque debo confesar que en ocasiones, por más que quiero descansar de su compañía, no logro dejarlo en casa. A veces, el miedo me persigue y no me avisa, solo para sorprenderme en el momento menos conveniente. Me pasa sobre todo con los finales, que pueden ser de todo tipo. Me dan miedo los finales de los viajes, de las relaciones, de la vida.

LECCIÓN 10

TODOS LOS VIAJES TERMINAN

Mi hermano y yo

Nuestros vuelos de regreso a casa salían del mismo aeropuerto de Las Vegas, pero de terminales distintas. Mi hermano volaba a Guadalajara y yo a la Ciudad de México, con escala breve en Los Ángeles. Lo acompañé a documentar y me despedí para irme a la terminal que me correspondía.

—Mil gracias por todo —dijo mi hermano.

—De nada, la pasamos increíble —le respondí.

Esas palabras expresaban mucho menos de lo que en verdad queríamos decir. Pero es lo que nos sale en esos momentos. Algunas palabras funcionan como compuertas que se abren al pronunciarse y liberan emociones a las que no estamos acostumbrados, así que en ocasiones es mejor no hacerlo para mantenerlas cerradas.

Me di la media vuelta y comencé a caminar, mientras una erupción emocional invadía mi cuerpo. Era incontrolable, casi como un vómito de nostalgia y abandono. Aceleré el paso para tratar de esconder lo más posible el fenómeno que se avecinaba, encontré un pasillo donde poca gente caminaba y sucedió lo inevitable: estallé en un llanto sin remedio. El mar de sentimiento llegó con tal fuerza que derribó todas las barreras posibles, las hizo pedazos. Me rebasó sin que pudiera hacer nada para evitarlo.

Las lágrimas tenían todos los sabores, todos los colores. Lloraba por la infancia que compartimos, por las ausencias, por un fin de semana increíble y por un adiós indefinido. Lloraba por el tiempo, por el espacio compartido y porque todo era ahora un recuerdo. Lloraba por el recuerdo, fresco como una foto recién tomada.

Hice mi registro en la terminal del aeropuerto que me correspondía, aprovechando el momento de tranquilidad que la cordura me había regalado. Pasé seguridad y entré al área de abordaje. Pero la emoción no se iba. Corrí a encerrarme al primer baño que encontré. Era demasiado, no lo podía controlar y empezaba a sentirme ridículo. Cerré la puerta y lloré. Sollocé como un niño de cuatro años que se había dado cuenta de que tenía que ser adulto. Cuando trataba de controlarme para salir al «mundo real», la emoción regresaba, con la fuerza suficiente para dejarme paralizado e impresentable.

Abordé el avión con la cara hinchada como un jitomate. El vuelo fue ridículamente breve, 35 minutos de Las Vegas a Los Ángeles. Aterrizamos y me fui a una cafetería de la terminal a esperar mi siguiente vuelo. Los sollozos habían parado, pero las lágrimas seguían saliendo con voluntad propia. Qué enorme poder tienen los recuerdos. A mi mente venían montones de imágenes que parecían contener lluvia propia. Lo que ayer te hizo reír hoy te hará llorar y viceversa.

Pocas veces en mi vida he tenido esa sensación. Un sentimiento incontrolable. Incontinencia emocional. Había que sacarlo, el cuerpo lo pedía y no existía forma de detenerlo.

Llegué a México agotado, sin voz y a punto de enfrentar una prueba laboral como pocas en mi carrera.

Cuando se calmó la tempestad, analicé la situación. Era un episodio completamente nuevo para mí y me había tomado por sorpresa. Mi hermano y yo habíamos pasado un fin de semana en Las Vegas recorriendo hoteles, comiendo comida chatarra, viendo espectáculos y probando nuestra suerte en los casinos de manera tan moderada que se me antojaba avara en extremo. Era la primera vez que mi hermano estaba en la ciudad del pecado y era un viaje anhelado por mí desde hacía varios meses. Fue una escapada de diversión.

Lo que no lograba entender era cómo un viaje a una ciudad tan superficial y artificial como Las Vegas me había podido calar tan profundo. Cómo una experiencia así detonó en mí una avalancha de emociones que no pude controlar.

Descubrí entonces que los lugares son solo lugares. Pretextos para contar nuestras propias historias. Esa misma avalancha hubiera ocurrido en cualquier otro lugar del mundo en el cual mi hermano y yo nos hubiéramos regalado un fin de semana juntos. Los viajes no son los lugares, somos nosotros.

Hasta entonces entendí la enorme importancia de construir recuerdos valiosos. Algo tan intangible como una carcajada, compartida con tu hermano a mitad del casino, tiene más valor que cualquier lujo del lugar. Fue el desprendimiento de esos recuerdos lo que me hizo estallar. Fue la nostalgia inmediata, la resaca de la euforia y el momento de guardar con llave los recuerdos lo que me desbordó.

Ese ha sido el segundo día que más he llorado en mi vida. El primero fue cuando murió mi madre.

Regresando a casa

El tiempo se agota. Hay un momento del viaje en el que comienza la cuenta regresiva, los días empiezan a restarse y se acerca la hora en la que hay que volver a casa. A medida que el tiempo se termina, sentimos que el pecho se comprime bajo el peso del recuerdo, del miedo a decir adiós y el amargo sentimiento de incertidumbre al pensar si algún día volveremos a ese sitio. Ahora ese pedazo de tierra que hemos pisado adquiere un valor con el que cargaremos el resto de nuestras vidas, ya no nos es indiferente, ya no nos es tan extraño.

A partir del instante en el que comienza la cuenta atrás, los sentidos tratan de absorber los últimos instantes de aventura; todo lo que planeamos, imaginamos, anticipamos, ha llegado a su fin. Se siente en el estómago, es como un vacío provocado por la anticipación de un final inevitable, se presenta como un síntoma de saber que el viaje se va a acabar. Ya sea un día antes o, incluso, apenas comencemos el viaje, sabemos que nuestra travesía en algún punto concluirá y hay algo de nosotros que se entrega a la gravedad, al pesar de volver a la rutina, a ese día a día ineludible que nos hace renunciar a la aventura y novedad.

El regreso a casa nos parece más corto, estamos agotados. La piel se siente diferente; la ropa, arrugada; la maleta, más pesada, y el alma, más ligera. El perfume de lo familiar nos revive por un instante. Se siente bien llegar a casa.

Abrimos la puerta del espacio al que llamamos hogar. Todo sigue en su lugar, excepto nosotros. Sabemos dónde está el apagador y el enchufe para conectar nuestro celular y conocemos a la perfección el olor del shampoo y la textura de nuestras toallas. Pero parece que ha pasado un año.

Abrimos la maleta repleta de ropa usada, llena del polvo de la travesía, el sudor de la aventura, las lágrimas del asombro y el olor de la nostalgia. Triste perfume es el olor a recuerdo. Junto a los objetos que nos acompañaron durante el viaje, se acomodan los que se sumaron en el trayecto: un tejido peruano, un huevo de Jordania pintado a mano, un juguete japonés y la servilleta de un bar con un teléfono al que nunca llamaremos.

Les damos un lugar en nuestro espacio, un espacio en nuestro lugar. Acomodamos todo y nos instalamos en nuestro pequeño pedazo de mundo. La maleta queda vacía, como invitándonos a empezar de nuevo. Suspiramos y abrazamos la pequeña tragedia de volver a la rutina.

Así son los viajes, todos terminan. A veces, la sensación de término aparece demasiado pronto. La excitación y emoción del inicio de una travesía son interrumpidas por la tristeza y nostalgia anticipada del final de la misma. Como esa droga que nos da una inyección de dopamina y felicidad para después pasarnos factura, haciendo un acto de compensación natural en el cerebro que los expertos llaman tolerancia. No hay forma de ir al cielo sin tocar el suelo, pero el dolor es imposible de evitar porque así es la vida que, como los viajes, también se acaba.

Si eres un viajero frecuente sabes que este sentimiento es común. Cuando el viaje y la aventura terminan, nos da un bajón que precisamente nos motiva a seguir viajando para volver a sentir ese levantón que nos hizo tan felices. Por eso los viajes son una lección de vida, sobre el ejercicio de iniciar y terminar, de nacer y morir. Como dicen por ahí, la vida es un viaje, un viaje que también termina.

La dopamina

Este ciclo de viajar, volver a casa y querer salir de nuevo, esta «adicción» a los viajes tiene, además de muchas interpretaciones filosóficas, una explicación científica, y la respuesta está en la dopamina. Los viajes son grandes detonantes de dopamina en el cerebro, uno de los neurotransmisores que nos hacen felices. Cuando pisamos un sitio nuevo, descubrimos nuevos olores o nos sorprendemos con lugares asombrosos, nuestro cerebro libera dopamina. Cuando viajamos, estamos más sensibles a estímulos como los distintos aromas, sabores y colores. Entre la logística de visitar un lugar desconocido y la emoción que nos provoca, viajar nos mantiene alerta y esto agudiza nuestros sentidos, provocando que cada experiencia sea mucho más intensa que si sucediera dentro de nuestra rutina diaria. En muchos viajes ese estímulo es tan grande que podemos llegar a estados de euforia.

Hay muchas cosas en la vida relacionadas con la liberación de dopamina en el cerebro como comer, tener sexo, hacer deporte y muchas más. Una de ellas es el consumo de drogas, que pueden llegar a liberar 10 veces más dopamina que las recompensas naturales y esa es la razón por la que son tan adictivas. Técnicamente, todo lo que nos hace liberar dopamina puede hacernos adictos, incluyendo los viajes —ahora lo entiendes todo—, así que algunos científicos creen que esta es la razón por la que a tantas personas nos encanta viajar y no podemos dejar de hacerlo.

Cuando alguien asegura «este ha sido el mejor viaje de mi vida», es muy probable que esté relacionado con cuánta dopamina estuvo involucrada en su experiencia. Un viaje a los parques de atracciones de Disney es una bomba de dopamina por todos lados. Las paletas de colores brillantes de los edificios, los personajes conectados directamente con nuestra infancia, los juegos mecánicos más emocionantes y espectaculares y los shows llenos de música, estímulos y color hacen que liberemos dopamina. Pero también la comida, esos postres que nos devuelven la energía a través de una sobredosis de azúcar, los desfiles y los *souvenirs*, que los queremos todos, y finalmente los fuegos artificiales que llenan el cielo para despedirnos con un homenaje a la nostalgia. Por esta razón el final de un viaje a Disney suele provocar una tristeza muy peculiar. Es nuestro cerebro tratando de compensar la enorme cantidad de estímulos y liberación de dopamina para que nuestro cuerpo alcance la tolerancia, lo que comúnmente conocemos como bajón. Así que no te sientas mal si cuando vuelves a casa después de un viaje te embarga una tristeza que no entiendes de dónde vino.

El libro *Dopamine Nation* de Anna Lembke explica a la perfección este fenómeno relacionado con casi todos los ámbitos de nuestra vida. La dopamina asociada con los viajes no solo se libera durante el viaje, también cuando lo planeamos, compramos los boletos de avión, reservamos el hotel y damos ese gran paso a la aventura. Ya lo mencioné antes, incluso cuando nuestras fotografías en las redes sociales tienen éxito, nuestro cerebro libera dopamina.

Recordar también es una forma de liberar dopamina en el cerebro. La nostalgia es un poderoso agente que nos lleva por un viaje al pasado tan placentero como conmovedor.

La ceremonia de la nostalgia

La familia completa nos sentábamos en la sala mirando hacia una pared blanca. Se apagaban las luces, dejando que la oscuridad inundara el espacio mientras mi padre encendía el proyector y acomodaba cada una de las diapositivas en el orden con el que recordaba su viaje por Europa. La máquina hacía un tremendo ruido cada vez que presionaba el botón para cambiar de imagen, como si escarbara en el tiempo y rescatara un pedazo de vida a color. Cada imagen proyectada en la pared era acompañada por una breve explicación de mi madre sobre el sitio donde se encontraban. Habían pasado más de 12 años desde aquel viaje y a mis hermanos y a mí nos causaba más gracia la moda usada por nuestros padres que los sitios retratados en la diapositiva. Así era el ritual, no sucedía con frecuencia, pero lo disfrutábamos bastante.

El acto de revivir un momento, sobre todo uno que nos hizo felices, es parte fundamental de cualquier viaje. Es en ese momento en el que revisas tus fotografías o te encuentras de pronto un objeto que compraste en algún lugar que visitaste; en una película, aparece un lugar en el que estuviste o lees un libro que narra un acontecimiento que a ti te contaron las personas que lo vivieron. Entonces notas que tu mente ya no funciona de la misma forma.

Es imposible ver una ciudad de la misma manera después de haberla recorrido. Cuando alguien menciona un sitio que conocemos, sentimos que dicen nuestro nombre también. Hay algo que nos ata a los lugares que visitamos, que nos da un sentido de pertenencia. Y los seres humanos buscamos pertenecer, a una familia, a un lugar, a un equipo, a una comunidad; queremos ser parte de algo más grande que nosotros. Por eso viajamos también, y por eso es tan importante recordar, para revivir esos momentos que nos hicieron felices.

Si ponemos atención a nuestras casas, si observamos las fotos que están colgadas en la pared de la escalera, quizá arriba del piano o de la chimenea, o sobre el mueble que vemos al abrir la puerta, siempre hay una imagen en la que alguien está de viaje. Las fotografías de viaje tienen un lugar especial. Abres el álbum familiar y ahí están: momentos familiares que se compartieron viajando.

Dicen que un viaje se vive tres veces: cuando lo planeas, cuando lo haces y cuando lo recuerdas. Yo estoy de acuerdo con quien sea que haya dicho esto porque, en mi caso, lo vivo con gran intensidad mientras lo planeo, cuando lo realizo y con mayor intensidad cuando lo edito. A veces en la misma edición me sorprendo de algunas cosas que durante el viaje ni siquiera noté. Supongo que es lo mismo que sucede cuando revisas tus fotos para hacer una limpieza de todo lo que capturaste durante el viaje.

Que no se pierda la bonita costumbre de hacer una ceremonia de la nostalgia.

Al final, desde un punto de vista filosófico y quizá román tico, los recuerdos son lo único que nos pertenece. O bien, como asegura el escritor Jean Paul: «Los recuerdos son el único paraíso del que no podemos ser expulsados».

Ese recuerdo idealizado

Hay una frase del escritor y político británico Benjamin Disraeli que dice: «Como todos los grandes viajeros, he visto más de lo que recuerdo y recuerdo más de lo que he visto». Esas palabras me gustan porque son realistas. Después de un viaje, nuestro cerebro hace una selección de recuerdos nostálgicos que acomoda como si fuera una película y al final nos quedamos con lo positivo, suspiramos y decimos: «¡Ah, ese momento en Barcelona». La nostalgia es ese recuerdo idealizado que se convierte en el mejor *souvenir* de nuestros viajes.

Visto hacia atrás, dimensionamos ese momento como algo único que no volverá a suceder y lo valoramos mucho más que cuando lo vivimos. Pero no solo recordamos con cariño las buenas experiencias, también los episodios menos placenteros o positivos de un viaje se vuelven nuestras anécdotas favoritas: esa aventura cuando tuviste que correr por todo el aeropuerto para que no te dejara el vuelo, o cuando tuviste que usar la misma ropa dos días porque tu maleta no llegó a tiempo, o cuando un amigo tuyo casi acaba en la cárcel. El tiempo nos permite ver los episodios de nuestra vida a la distancia. Por lo tanto, nosotros somos distintos cada vez que recordamos, nuestra perspectiva se modifica y nuestros valores cambian. Así, el recuerdo de un instante en el que fuimos inmensamente felices nos puede provocar lágrimas de añoranza, y un momento que nos hizo llorar lo recordamos entre risas. Por eso para mí la nostalgia y los viajes van siempre de la mano, porque al final viajar es una inversión en los recuerdos.

Aunque por otro lado, la nostalgia es un elemento que puede jugar en contra del viajero cuando vuelve a un lugar. Es decir, la nostalgia se atesora de forma tan profunda en nuestras emociones que siempre hay unas ganas de volver para recrear ese momento, entonces es peligroso cuando uno quiere volver a un sitio para recrear un instante porque eso es imposible.

No puedes regresar a un momento. Se puede viajar en el espacio, pero no en el tiempo. Puedes volver a ese sitio que te hizo feliz, pero no puedes recrear esa situación. Joaquín Sabina dice que «al lugar donde has sido feliz no debieras tratar de volver». Pero yo creo que sí, puedes volver al sitio que te hizo feliz, solo que hay que volver sin intentar repetir el momento vivido, sino crear nuevas emociones, nuevos recuerdos y nostalgias. Si no, corremos el riesgo de comparar nuestra experiencia primera con la experiencia nueva y es muy difícil ganarle la batalla a la nostalgia, porque al ser un recuerdo idealizado, no hay forma de estar a su altura.

El viaje nunca termina

No hay viajero que termine un viaje sin pensar en el próximo. Es entonces cuando te das cuenta de que ya te volviste adicto. En inglés le dicen *travel bug*, el bicho de los viajes que ya anida en tu cabeza. En alemán hay algo similar: *Wanderlust*, que podemos traducir literalmente como «ganas de pasear».

Bienvenido a la adicción a los viajes, a la enfermedad incurable de querer conocer el mundo. Eso es lo fascinante de cómo una cosa se concatena con otra. Es muy probable que el siguiente viaje se vea muy influenciado por el que acabas de hacer, porque cada uno te deja inquietudes, ganas de descubrir nuevas cosas. No importa cuántas veces viajemos ni cuántos destinos conozcamos, cuando pensamos en el siguiente destino volvemos al punto de partida, estamos de nuevo frente a lo desconocido, como si viajáramos por primera vez. Solo así mantenemos nuestra capacidad de asombro y nos dejamos sorprender por lo que el mundo ofrece.

Decir adiós

Para mí nunca es fácil enfrentar el final de un viaje. No importa qué tan largo haya sido o cuántas ganas tenga de volver a casa, una vez que el tiempo se ha consumido y el reloj de arena está próximo a terminarse, es como si mi cuerpo hiciera una invitación abierta a todo tipo de emociones.

Soy el tipo de persona que no sabe manejar las despedidas, a veces prefiero hacer como que no pasa nada y seguir mi camino en lugar de darme un chapuzón emocional que pueda llegar a afectar mis decisiones. Sin embargo, decir adiós, a veces para siempre, es parte de mi cotidianidad. Despedirme de lugares, personas, momentos y países es algo a lo que tengo que enfrentarme con mucha más frecuencia de la que me gustaría. Y, aunque no es placentero, he aprendido a vivir con ello.

Cuando hice mi primera travesía por China, después de 40 días recorriendo el país, terminé mi viaje en Hong Kong. El último día salí a caminar por el paseo marítimo y, sin darme cuenta, comencé a reflexionar sobre todas las cosas que había vivido durante esos días en un país tan lejano. Intentaba evadir la emoción, pero era inútil, venían a mi mente todos los momentos que no estaban planeados y que surgieron como magia. Me senté a admirar el moderno horizonte de Hong Kong, que siempre me ha parecido uno de los más impresionantes del mundo. Me despedí. El viaje se terminaba, era momento de decir adiós a una aventura que sabía que me había marcado.

Subí al avión de regreso a casa cargando una pena que no lograba comprender del todo. Tomé mi asiento y me preparé para un muy largo vuelo y en la fila de junto se sentó una pareja de amigos de mi edad. Su energía era distinta a la mía, sonreían, se veían emocionados, preocupados y nerviosos. Uno de ellos me saludó y me preguntó mi nacionalidad. Le respondí con el máximo orgullo que la depresión posviaje podía permitirme: «Mexicano». Abrió los ojos como platos y dijo: «Genial, mi amigo y yo pasaremos tres meses en Centroamérica y empezaremos en México, quizá puedas darnos algunos consejos». Mi estado de ánimo cambió de inmediato, yo terminaba mi viaje, pero ellos iniciaban el suyo. De cierto modo, tomé prestado su entusiasmo, lo hice mío. Pero en realidad, ni yo terminaba un viaje ni ellos iniciaban uno, simplemente continuábamos con nuestra aventura. Pensé que, si para alguien volar al lugar que yo llamo hogar era el inicio de una travesía, quizá podía comenzar a ver mi regreso a casa como el inicio de algo nuevo. No estoy regresando a casa, estoy viajando a mi propio país. Más que dejar un destino, estoy volando hacia uno nuevo.

De esta forma engaño un poco a mi cerebro. Lo convenzo de que no estamos llegando al final de un viaje, sino que estamos en una eterna continuación de la aventura.

Así es la vida, un viaje constante. No hay que decir adiós sino hasta pronto.

Los viajes, como la vida

Así como nuestros viajes llegan a su fin e intentamos hacer de todos ellos una aventura continua, la vida hace exactamente lo mismo. Ya sea separado por capítulos o como un gran ensayo sin interrupciones, la vida, aunque suene a cliché, también es un viaje, y como todo viaje también tiene su fin.

Cuando visité por primera vez San Blas, en Nayarit, moría de ganas de comerme un pescado zarandeado, un platillo típico de esa zona. Me recomendaron ir a Playa Larga, allí, una serie de rústicos restaurantes alineados a lo largo de la playa ofrecen, además de otros manjares, el platillo estrella de la zona. No había mucha gente, era un día común de temporada baja.

Llegué a la última de las ramadas, construcciones de madera cubiertas de hojas de palma seca para dar sombra muy cerca del mar. Allí conocí a doña Macrina, una señora de 85 años con una energía que cualquier adolescente envidiaría, un rostro sonriente marcado por el tiempo y una actitud tan ganadora como la de un atleta olímpico. Yo iba solo, pedí mi pescado zarandeado y cuando me lo sirvieron doña Macrina se sentó conmigo, como quien sabe que su compañía siempre es bien recibida. Me preparó varios tacos con la habilidad que solo da la experiencia y me explicó el tema de las salsas, porque hay que tener cuidado, unas pican más que otras.

Le pregunté a doña Macrina si ella era la dueña del restaurante, a lo que respondió con un enérgico: «No, el restaurante es de mi hija. Pero yo le ayudo porque la salsa no le queda buena». Solté la carcajada y comencé a platicar con ella. Me encanta hablar con los adultos mayores, es increíble la sabiduría que da haber pisado por muchos años esta tierra. Para mí, esas conversaciones son como escuchar a alguien que ya estuvo en la fiesta a la que tú apenas vas llegando.

Me dijo que le gustaba estar en el restaurante, que se sentía útil y prefería estar allí que en su casa. Le daba placer ayudar a su hija con todo lo que le fuera posible, incluyendo pintar muebles, atender a los clientes o, en caso de que el alto techo de la ramada sufriera algún daño, repararlo. Esta declaración me llenó de sorpresa. La ramada, de unos tres metros de altura, no parecía un lugar seguro para alguien de 85 años, de hecho, para cualquier edad. Con un poco de pena y un mucho de curiosidad, le cuestioné a doña Macrina si esa ayuda no era algo muy riesgoso para alguien como ella. Se rio, me miró con esa mirada de quienes tienen la experiencia en la retina y me regaló una de las frases más hermosas que he escuchado. «¡Ay, m'ijo, hasta sentado se muere uno!».

Me quedé en silencio, asombrado. Doña Macrina tenía razón. Le agradecí por esa frase y la guardé en mi corazón por siempre, de hecho, la uso constantemente en mis conferencias. «Hasta sentado se muere uno». A lo largo de nuestra vida nos detenemos de hacer algo por temor a tantas cosas, incluso a la muerte, que dejamos de vivir. Así que esta frase se convirtió en mi lema de vida.

Cada vez que la vida me presenta algo que me da miedo, pienso para mis adentros y repito mi mantra. Y allí estoy, aventándome del columpio más alto del mundo en Nueva Zelanda, en el que sientes que el alma se te queda atrás y te alcanza cuatro segundos después; lanzándome de un avión en Dubái para apreciar la arquitectura de la ciudad en caída libre antes de que el paracaídas se abra.

«Hasta sentado se muere uno» como un grito de valentía para no quedarse con ganas de nada. Gracias, doña Macrina.

Y esta frase no solo la utilizo para hacer actividades de aventura, la uso para todo. Cada vez que siento miedo de algo, ya sea en lo laboral o en lo personal, hago una reflexión con ella. ¿El no que estoy a punto de dar es por miedo? ¿Estoy temeroso de salir de mi zona de confort y, de cierta manera, estoy dejando de vivir por miedo a morir?

Por supuesto que con esto no quiero alentarte a que arriesgues tu vida de forma irresponsable, pero sí a tener menos miedo. El miedo nunca se queda en casa, viene de viaje con nosotros. Los valientes no son quienes no sienten miedo, sino aquellos que aun con miedo hacen las cosas.

Porque, si hay algo cierto en esta vida, es que se va a acabar. Que ninguno de nosotros es inmortal y todos, nos vamos a morir. Yo, tú que estás leyendo esto, nuestra familia, nuestros amigos... y es cuando nos hacemos conscientes de la muerte que comenzamos a disfrutar de la vida. Cuántas veces hemos dado por sentado nuestro tiempo en esta tierra, dejando que todo siga en modo automático, que los días pasen sin pensar que podrían ser los últimos. A diferencia de la mayoría de los viajes, la vida no tiene una fecha de término y eso es lo que hace que debamos aprovecharla mucho más, porque a veces es ella la que se encarga de recordarnos que nuestro paso es temporal y que, al final, todos somos dispensables.

Mi madre

Vi con mis propios ojos cómo se le escapaba la vida, cómo la piel de su rostro cambiaba de color y ella dejaba de estar aquí, entre nosotros. Su cuerpo se había ido apagando poco a poco, pero se resistía a partir. Su respiración se había hecho cada vez más lenta y pausada, anunciando un final inevitable. Tuvimos la fortuna de despedirla, de decirle cuánto la amábamos e invitarla a iniciar su último viaje, sin preocuparse por nosotros. Adiós, mamá, gracias por todo.

La partida del ser que me dio la vida llegó como un terremoto que sacudió mis prioridades. Ni siquiera me di cuenta, fue sucediendo. Si un poder tiene la muerte ajena, es revivirnos. La muerte de un ser querido tan cercano nos enfrenta de golpe con nuestra propia muerte, con la soledad, con el propósito de nuestra existencia. Nada le da más sentido a la vida que saber que va a terminarse. La muerte nos cuestiona, nos arrebata, hace pesado el tiempo y recalibra nuestra brújula. Nos despierta y nos coloca de frente al vacío de la incertidumbre sobre ese lugar al que los muertos viajan.

Mi madre no fue una mujer viajera, pero su último viaje me mostró el sentido de mi vida. Me recordó que tengo el tiempo contado y que lo que haga con él es únicamente mi responsabilidad. No estamos para complacer a nadie más que a nosotros mismos, pero conscientes de que nuestras acciones afectan a otros. Porque el tiempo apremia, no perdona, no hay segundas oportunidades, no sabemos con certeza si hay un más allá, si hay un cielo o un infierno. ¿Y si este es el cielo de nuestra vida pasada?

Solía creer que la muerte es esa figura cadavérica y lúgubre que nos ha pintado la cultura popular. Que al final de nuestra vida una mano hecha de huesos viejos nos indicará el camino hacia la última puerta. Todos en silencio, tristes, de negro, de la misma manera en que solemos enfrentar la muerte ajena. Como si nos despidiéramos de la vida insatisfechos, sin haber disfrutado, lamentando el tiempo perdido y cargando en los hombros la pesada culpa de no haber aprovechado nuestro paso.

Yo quiero que sea diferente, quiero morir feliz, porque para eso primero hay que vivir feliz. Quiero que cuando llegue mi momento nadie me borre la sonrisa, y si lloro que sea de nostalgia, de revivir las horas de felicidad caminando por los paisajes de Queenstown en Nueva Zelanda, el sabor de un pad thai en Bangkok, escuchando ópera en vivo en Nueva York o bajo el sol del desierto de Jordania. Añorar la maravilla de las cataratas de Iguazú, la sensación del viento en Machu Picchu, un paseo por el río Li o el peculiar sonido dentro de la mezquita Sheikh Zayed. Quiero irme recordando el ritmo del candombe, la ceremonia del té, la adrenalina de un salto en paracaídas y la emoción de ver por primera vez la torre Eiffel. Volver a escuchar, por un último instante, los violines en Irlanda, los cantos maoríes en Nueva Zelanda, los tambores de Japón y el «Huapango» de Moncayo. Si he de llorar, que sea de saber que tuve una vida increíble. Quiero morir sabiendo que he vivido.

Al final, me gustaría que la mano sea de ella, que mi madre me reciba y me indique el camino a la última puerta, a mi último viaje. Que tome mi mano de la misma forma en que lo hacía en el auto cuando mi padre iba manejando de regreso a casa desde el aeropuerto después de recibirme en una de mis múltiples visitas. Esa mano cálida con sus anillos enormes y vistosos, ese tacto con el que me decía que me amaba sin decírmelo, que me abrazaba sin abrazarme y me besaba sin besarme. Estoy seguro de que, cuando llegue ese momento, ella solo me hará una pregunta: «¿Te divertiste?».

AGRADECIMIENTOS

A mi familia, por estar ahí siempre sin importar qué. A Mario Harrigan por estar empujando para que esto suceda y motivándome para realizarlo. A Violeta Gaytán por ser siempre el pedazo de cerebro que perdí en algún lado. A Alejandra, mi eterna compañera de viaje. A Mauricio y la familia de la Garza Clariond por enseñarme que viajar es también un acto de amor y de generosidad, gracias por tantas aventuras juntos. A Regina, Manu, Salvador, Jose Daniel, David y los amigos que se han aventado a acompañarme en mis aventuras. A mi maravilloso equipo: Marthita, Miriam, Karla, Jessica, Itzel, Moro, Johan, Duva, Vane, Iván, Gerardo, Vicky y los que fueron parte: Saori, Chouch, Fran y Luis. Y sobre todo a la increíble comunidad de Alan x el Mundo que me ha seguido por tantos años, esto es para ustedes.

INDONESIA
SPECIAL CAPITAL REGION OF JAKARTA
DEPARTURE
ARRIVAL
BERLIN AIRPORT
GERMANY
BERLIN
25/04/2019
BER
MILAN
AIRPORT CONTROL
MXP
ITALY
MLN
17 AUG 2019
IN
OUT
CALLAO AIRPORT
PERU
IMMIGRATION OFFICER
THE REPUBLIC OF
AUSTRIA
03.03.2019 ARRIVED
CALLAO AIRPORT
PERU
IMMIGRATION OFFICER
28-MAY-2019
WELCOME TO
CANADA
TORONTO AIRPORT
08 APR 2019
(TIME 05:00 AM)
UNITED STATES OF AMERICA
USA
05 MAY 2019
ARRIVAL
WASHINGTON D.C.
CONTROL
02/08/2019
IN/OUT
WELCOME TO
FRANCE
PARIS AIRPORT
ARRIVED
WELCOME TO
UNITED ARAB
EMIRATES
DUBAI
EXP DATE: 07 APRIL 2020
SECURITY OFFICER
UNITED KINGDOM
IMMIGRATION OFFICER
(5028)
20 APR 2019
BELGIUM
BOGOTA AIRPORT
ARRIVAL
REPUBLIC OF
COLOMBIA
BOGOTA AAA: 000 BBB: 111
DATE:
TIME:
CONTROL:
OFFICER:
BRAZIL
AIRPORT SECURITY
CONTROL
22 NOV 2019

ARGENTINA
25 JULY 2019
approved
ROMANIA
BUCHAREST
18 OCT 2019
ARRIVAL
THE KINGDOM OF
SPAIN
TOURIST CONTROL
15 MAY 2019
R. Officer
TÜRKIYE CUMHURIYETI
ARRIVAL CONTROL
07 MAY 2019
08:02 AM
WELCOME TO MUMBAI
ARRIVAL
INDIA
MUMBAI AIRPORT
20 JULY 2019
THE REPUBLIC OF
AUSTRIA
03.03.2019 ARRIVED
KYIV
IMMIGRATION OFFICER
UKRAINE
FRANCE
PARIS AIRPORT
ARRIVED
MEXICO
ESTADOS UNIDOS MEXICANOS
02 SEP 2019
REPUBLIC OF PERU
PERU
CALLAO AIRPORT
IMMIGRATION OFFICER
UNITED KINGDOM
IMMIGRATION OFFICER
(5028)
LONDON
MAY 2019
approved
NETHERLANDS
AMSTERDAM AIRPORT
26 APR 2019
ARRIVAL
DEPARTURE
WELCOME TO SWISS CONFEDERATION
SWITZERLAND
REGISTRATION TIME:
08:30:25
REGISTRATION DATE:
10/09/2019
ARRIVAL
REPUBLIC OF CHILE
SANTIAGO
SANTIAGO AIRPORT CONTROL
THE KINGDOM OF BELGIUM
20 APR 2019
BELGIUM
Signature
DEPART
KINGDOM OF SWEDEN
SWEDEN
STOCKHOLM
WELCOME TO
UNITED ARAB EMIRATES
DUBAI
SECURITY OFFICER
INDONESIA
SPECIAL CAPITAL REGION OF JAKARTA
DEPARTURE
15 JUNE 2019
CONTROL
DEPARTURE
ARGENTINA
25 JULY 2019
approved
TÜRKIYE CUMHURIYETI
ARRIVAL CONTROL
07 MAY 2019
THE KINGDOM OF BELGIUM

INDONESIA
SPECIAL CAPITAL REGION OF JAKARTA
DEPARTURE
15 JUNE
TÜRKIYE CUMHURIYETI
ARRIVAL CONTROL
< 07 MAY 2019 >
08:02 AM
R280
0256
ARRIVAL
BERLIN AIRPORT
GERMANY
BERLIN
25/04/2019
BER
MILAN
AIRPORT CONTROL
MXP
ITALY
MLN
17 AUG 2019
IN
OUT
REPUBLIC OF PERU
CALLAO AIRPORT
PERU
IMMIGRATION OFFICER
28-MAY-2019
THE REPUBLIC OF
AUSTRIA
03.03.2019 ARRIVED
VENEZUELA
PORT OF LA GUAIRA
DATE: 14 FEBRUARY 2019
TIME: 09:30 AM
TRANSIT: NO
CARGO: YES
VARGAS STATE
WELCOME TO
CANADA
TORONTO AIRPORT
08 APR 2019
(TIME 05:00 AM)
UNITED STATES OF AMERICA
USA
05 MAY 2019
ARRIVAL
WASHINGTON D.C.
CONTROL
WELCOME TO
FRANCE
PARIS AIRPORT
ARRIVED
IN/OUT
MANILA
PHILIPPINES
TOURIST VISA
ARR. 06-08-2019
10:45PM
MANILA AIRPORT
THE KINGDOM OF BELGIUM
20 APR 2019
BELGIUM
Signature
WELCOME TO
UNITED ARAB EMIRATES
DUBAI
EXP. DATE: 07 APRIL 2020
SECURITY OFFICER
Signature
UNITED KINGDOM
IMMIGRATION OFFICER
(5028)
BOGOTA AIRPORT
ARRIVAL
REPUBLIC OF
COLOMBIA
BOGOTA AAA: 000 BBR: 111
DATE:
TIME:
CONTROL:
OFFICER:
BRAZIL
AIRPORT SECURITY CONTROL
22 NOV 2019
WELCOME TO
CANADA
TORONTO AIRPORT
NETHERLANDS
2019

ARGENTINA
25 JULY 2019
approved
ROMANIA
BUCHAREST
18 OCT 2019
ARRIVAL
THE KINGDOM OF
SPAIN
TOURIST CONTROL
15 MAY 2019
R. Officer
TÜRKIYE CUMHURIYETI
ARRIVAL CONTROL
07 MAY 2019
08:02 AM
THE REPUBLIC OF
AUSTRIA
03.03.2019 ARRIVED
KYIV
IMMIGRATION OFFICER
UKRAINE
WELCOME TO MUMBAI
ARRIVAL
INDIA
MUMBAI AIRPORT
20 JULY 2019
WELCOME TO
FRANCE
PARIS AIRPORT
ARRIVED
ARR.
MEXICO
IMMIGRATION CENTROL
02 SEP 2019
ESTADOS UNIDOS MEXICANOS
REPUBLIC OF PERU
PERU
CALLAO AIRPORT
IMMIGRATION OFFICER
UNITED KINGDOM
IMMIGRATION OFFICER
(5028)
LONDON
MAY 2019
approved
NETHERLANDS
AMSTERDAM AIRPORT
26 APR 2019
ARRIVAL
DEPARTURE
WELCOME TO
SWISS CONFEDERATION
SWITZERLAND
REGISTRATION TIME:
08:30:25
REGISTRATION DATE:
10/09/2019
ARRIVAL
REPUBLIC OF CHILE
SANTIAGO
SANTIAGO AIRPORT CONTROL
16/OCT/2019
THE KINGDOM OF BELGIUM
20 APR 2019
BELGIUM
Signature
DEPART
KINGDOM OF SWEDEN
SWEDEN
STOCKHOLM
16/11/2019
UNITED ARAB EMIRATES
DUBAI
EXP. DATE: 07 APRIL 2020
SECURITY OFFICER
CONTROL
DEPARTURE
ARGENTINA
25 JULY 2019
approved
INDONESIA
SPECIAL CAPITAL REGION OF JAKARTA
DEPARTURE
15 JUNE 2019
TÜRKIYE CUMHURIYETI
ARRIVAL CONTROL
< 07 MAY 2019 >
08:02 AM
PHILIPPINES TOURIST VISA
THE KINGDOM OF BELGIUM

FOTOGRAFÍAS

Mi madre, mi hermano Waldo y yo delante del castillo de Blanca Nieves en Disneyland California. Estados Unidos, 1989.

Magic Kingdom, en Florida. Estados Unidos, 2019.

Petra, uno de los lugares más impresionantes que he visitado y una de las nuevas siete maravillas del mundo. Jordania, 2016.

Mi amigo Manu Manuti, quien tomó esta foto, y yo tratamos de llegar lo más temprano posible para que no hubiera personas en El Tesoro, la construcción más famosa de Petra.

He podido visitar Tailandia en varias ocasiones. La relación que el país tiene con los elefantes es muy estrecha, la discusión sobre la labor de estos animales y su explotación en la industria turística ha sido motivo de cambios significativos en la oferta y, aunque aún hay mucho por hacer, los programas de rescate y los santuarios de elefantes en Tailandia han sido detonadores para que otros países tengan pláticas más éticas. Tailandia, 2017.

La Piscina del Rey en Isla Mujeres, Quintana Roo, es una formación natural preciosa en nuestro país que vale la pena visitar. México, 2017.

Este fotogénico columpio cercano a Punta Cana permite tomar fotografías que trasmiten libertad frente a un espectacular paisaje. República Dominicana, 2019.

Campeche es uno de los estados más bellos y menos explorados de México. Sus playas, zonas arqueológicas y ciudad amurallada son motivo suficiente para visitarla. México, 2020.

En la ciudad de Mrauk U conocí a dos niños monjes que me acompañaron durante todo un día de recorrido. Myanmar, 2019.

Bagan es uno de los sitios más hermosos que he visitado, pasé dos semanas explorando sus templos y volvería sin dudarlo. Myanmar, 2019.

La caminata nocturna entre luciérnagas es un espectáculo único que parece sacado de una película de Disney. Sucede en Tlaxcala únicamente durante julio y es algo que asombra hasta al viajero más experimentado. México, 2018.

Visitar el Nevado de Toluca es como llegar a otro planeta, el cráter del volcán es de fácil acceso, aunque hay que tomar precauciones por la altura, 4 680 m. s. n. m. México, 2017.

Cuba es todo lo que te cuentan y lo que no te cuentan. Es colorida, cercana y misteriosa, con millones de teorías. Cuando escuches hablar de la isla, presta atención, de seguro será una buena historia. Cuba, 2017.

Nunca pensé tener una foto con la bandera de México y la proa del Titanic asomándose por la pequeña ventana del sumergible Titán. Fui el primer mexicano en bajar a los restos del Titanic. Océano Ártico, 2022.

Bucear es una de las actividades que más me ha enfrentado con mis miedos, pero una vez que descubres el maravilloso mundo submarino, es imposible no volver a visitarlo.

Las ruinas de Angkor son un lugar lleno de magia, algunos de los templos como el de la foto, llamado Ta Prohm, han sido reclamados por la naturaleza formando caprichosas figuras entre árboles y construcciones. Camboya, 2022.

Montreal es una de mis ciudades favoritas de Canadá, con sus cientos de festivales llenos de música, circo y cultura es difícil aburrirse sin importar la época del año. Canadá, 2019.

A mi parecer, Edimburgo ofrece la mejor celebración de Año Nuevo que existe: una fiesta con 75 000 personas en las calles, llena de música y fuegos artificiales. Escocia, 2020.

Conocí París a los 32 años. En ese primer viaje quería hacer tanto que me frustró no poder abarcar todo. He tenido la oportunidad de volver en varias ocasiones y he entendido que París se disfruta despacio. Francia, 2013.

En Abu Dabi se encuentra el Museo Louvre, una sucursal del famoso museo parisino diseñado por el multipremiado arquitecto Jean Nouvel. Emiratos Árabes Unidos, 2019.

Jardines como este en Shanghái intentan recrear los paisajes naturales del país de China en escalas más pequeñas. Estos famosos jardines han servido de inspiración para canciones, poemas y obras de arte, son verdaderas estrellas turísticas del país. China, 2010.

Ceremonia del té en Kioto es una invitación a disfrutar. Japón, 2018.

Cada año realizo un viaje con mi familia y es el que más anhelo y espero en todo el año. Italia, 2017.

Una de las formas más increíbles de viajar es con amigos y Regina Blandón es una de las mejores compañeras de viaje que conozco, tiene la actitud perfecta en cada travesía. Por eso amamos a Regina. Disneyland Shanghái, 2017.

Me siento afortunado de poder compartir mi pasión y mi visión del mundo de manera tan personal con mis seguidores, como este viaje patrocinado a San Francisco. Estados Unidos, 2017.